L'IMPOT

SUR LE REVENU

LES LOIS A LA PORTÉE DE TOUS

L'IMPOT SUR LE REVENU

TEXTE ET COMMENTAIRE

DU PROJET DE LOI VOTÉ PAR LA CHAMBRE DES DÉPUTÉS

PARIS
ADMINISTRATION DALLOZ
19, RUE DE LILLE

AVERTISSEMENT

———×———

La Chambre des députés a adopté, le 9 mars dernier, le projet de loi, dit projet Caillaux, qui substitue aux contributions directes un impôt général sur les revenus et une taxe complémentaire sur l'ensemble du revenu. Ce projet, s'il est voté par le Sénat, modifiera profondément notre législation fiscale. Cependant, malgré l'émotion qu'il a soulevée, il est peu de contribuables qui en connaissent les dispositions. Le but de cette étude est de leur faciliter cette connaissance. C'est là, au surplus, son seul objet, et l'on ne devra, par suite, chercher dans les pages qui suivent ni l'apologie ni la critique systématique de la réforme projetée.

A côté du texte même du projet de loi, dont il est utile de connaître les termes, on s'est efforcé de dégager, dans un commentaire accessible à tous, les caractères des impôts qu'il établit et d'exposer aussi clairement que possible les règles de leur assiette et de leur recouvrement. Par contre, les controverses de principes, qui ne présentent pas pour les contribuables un intérêt immédiat, ont été laissées de côté, ainsi que certains détails d'application dont il sera temps de se préoccuper après le vote du Sénat. D'ailleurs, on ne saurait perdre de vue que la Haute Assemblée peut faire subir à telle ou telle partie du projet de loi voté par la Chambre des modifications sensibles.

On a reproduit, parce qu'il complète la réforme projetée, et bien qu'il n'ait pas encore été discuté par le Parlement, le texte du projet de loi qui remplace par des taxes nouvelles les centimes départementaux et communaux additionnels aux contributions directes supprimées.

D'autre part, on a dressé, à l'aide d'éléments de calcul puisés dans les textes mêmes, des tableaux qui permettront de se rendre compte à première vue, et avec une approximation suffisante, de l'impôt que l'on aurait à payer sous le nouveau régime fiscal, si le projet de loi voté par la Chambre était appliqué sans modification.

Enfin, une table analytique des matières facilitera les recherches et l'on trouvera dans un index bibliographique les éléments d'une étude plus approfondie, tant en ce qui concerne l'impôt sur le revenu en général que le projet de loi lui-même.

L'IMPOT SUR LE REVENU

Texte et Commentaire

DU PROJET DE LOI VOTÉ PAR LA CHAMBRE DES DÉPUTÉS

---

1. — La Chambre des députés a voté[1], le 9 mars 1909, le projet de loi « portant suppression des contributions directes et établissement d'un impôt général sur les revenus et d'un impôt complémentaire sur l'ensemble du revenu ». Ce projet est actuellement devant le Sénat[2]. Il deviendra une *loi* lorsque le Sénat l'aura voté à son tour. La *promulgation*, qui en sera faite par le Président de la République, rendra cette loi *exécutoire*[3].

[1] Par 388 voix contre 129. Le projet avait été déposé par le Gouvernement sur le bureau de la Chambre des Députés le 7 février 1907 (Exposé des motifs, annexe n° 737, *Journ. off.* du 17 février 1907, p. 1), et renvoyé à l'examen de la Commission de législation fiscale présidée par M. le député Camille Pelletan. Le rapport a été présenté, au nom de cette Commission, par M. le député René Renoult, le 13 juin 1907 (Annexe n° 1053, *Journ. off.* du 2 juill. 1907, p. 513). M. Renoult a déposé un rapport supplémentaire le 17 janv. 1908 (Annexe n° 1445, *Journ. off.* du 28 avril 1908, p. 12).

[2] La transmission au Sénat a eu lieu le 16 mars 1909.

[3] V. *Dictionnaire pratique de Droit Dalloz*, v° *Lois*, n°° 16 et suiv.; *Petit Dictionnaire de Droit*, *eod. r*°, n°° 14 et suiv.

2. — Impôts sur les revenus et impôts sur le revenu. — Si l'on fait abstraction des *impôts sur les consommations*[1], qui sont, malgré leur grave défaut d'*improportionnalité*[2], une ressource à laquelle les États modernes ne peuvent se dispenser de recourir pour alimenter leurs budgets, et des *impôts sur les actes juridiques et les mutations*[3], il existe encore trois natures d'impôts, qui frappent ordinairement le *revenu* des contribuables, en entendant par ce terme *les ressources annuelles au moyen desquelles chacun vit*, et qui peuvent être utilisés par le législateur à des degrés divers. On peut, en effet, frapper les *richesses acquises*[4] et les *revenus professionnels* par des *impôts réels*[5], taxant séparément les différentes catégories de ces revenus[6]. Ce système permet de réaliser la *discrimination* des revenus, c'est-à-dire d'attribuer à chaque nature de revenu un mode de constatation et de perception particulier et un taux d'imposition spécial. — On peut, d'autre part, frapper, après évaluation, le *revenu total* des contribuables d'un *impôt personnel* et *global*, susceptible de revêtir la forme *progressive*[7]. Ce système est celui que l'on désigne parfois sous le nom de : système de l'impôt sur le revenu. — On peut, enfin, combiner l'impôt réel sur les revenus et l'impôt personnel sur les facultés globales, en donnant à ce dernier le caractère d'*impôt de redres-*

[1] Droits de douane, d'octroi, et la plupart des contributions dites *indirectes*.

[2] Les droits sur les consommations pèsent plus lourdement sur les pauvres que sur les riches, parce que la consommation n'est pas proportionnelle à la fortune.

[3] Droits d'enregistrement, de timbre, droit d'hypothèque, taxe successorale, taxe sur les mutations à titre gratuit.

[4] Impôts sur les terres, sur les maisons, sur les valeurs mobilières.

[5] On distingue les impôts *réels*, qui frappent les *biens* sans tenir compte de la personne du contribuable, des impôts *personnels* qui taxent le contribuable lui-même à raison de sa situation de fortune. L'impôt *sur les facultés globales* est un impôt personnel.

[6] On distingue généralement les revenus du *capital*, les revenus du *travail* et les revenus *mixtes*. Ces trois catégories de revenus se subdivisent elles-mêmes en un certain nombre d'autres. Ainsi, sont des revenus du capital, les revenus des terres, des bâtiments, des valeurs mobilières ; ... des revenus du travail, les traitements et les salaires, les pensions, les bénéfices des professions libérales ;... des revenus *mixtes*, les revenus du commerce, de l'industrie, de l'exploitation agricole.

[7] L'impôt *progressif* s'oppose à l'impôt *proportionnel*. Ce dernier prélève sur le revenu des contribuables une quote-part toujours la même. Dans l'impôt progressif, au contraire, la quote-part augmente à mesure que le revenu lui-même s'accroît.

sement, destiné à compenser l'improportionnalité des impôts sur les consommations[1]. C'est à ce dernier système que se rattache le projet de loi d'impôt sur le revenu voté par la Chambre des députés. Il comporte, en effet, des impôts cédulaires et réels sur les revenus et un impôt personnel complémentaire sur les facultés globales[2].

3. — Précédents en France du projet de loi voté par la Chambre des députés. — Un grand nombre de projets et propositions de loi ayant pour objet la réforme de notre législation fiscale et l'institution d'un impôt sur le revenu ou sur les revenus, ont été présentés au Parlement depuis le milieu du xixe siècle. Le premier en date est celui que le ministre des Finances Goudchaux soumit en 1848 à l'Assemblée nationale. On rencontre ensuite les propositions de loi Casimir Périer (1871), Rouvier (1874) et Gambetta (1876), le projet de la commission de 1884, les propositions Peytral (1888), Rabier (1890), Maujan (1891), le projet du ministre des Finances Burdeau (1894). En 1894, sous le ministère Ribot, une commission élabora un projet dont M. Cavaignac fut le rapporteur[3]. M. Ribot, ministre des Finances, présenta également un projet (1895). Enfin, depuis 1896, le nombre des projets de réforme est considérable. Les principaux sont : les projets de loi de MM. Doumer, ministre des Finances (1896), et Cochery, ministre des Finances (1896), la proposition de loi de M. Peytral (1898), le projet de M. Rouvier, ministre des Finances (1903), le projet de la commission de législation fiscale (1904). Aucun ne fut soumis au vote du Parlement. Pour le dernier seul, la Chambre, après une discussion générale, décida de passer à la discussion des articles, mais sans aller plus loin.

4. — L'impôt sur le revenu à l'étranger. — 1º *Income-tax anglais.* — L'*Income-tax* (*income*, revenu), qui existe en An-

---

[1] V. la note 2 à la page précédente.

[2] C'est également à ce système que l'on peut rattacher notre législation fiscale actuelle, qui comporte un certain nombre d'impôts *réels sur les revenus* : impôt foncier, impôt des patentes, impôt sur les valeurs mobilières, et deux impôts *personnels sur les facultés globales* : l'impôt mobilier et l'impôt des portes et fenêtres.

[3] En même temps fonctionnait une commission extra-parlementaire, où figurèrent des économistes et des financiers. Le projet auquel elle aboutit ne fut rédigé que dans ses grandes lignes. Il fut, en partie, repris par M. Cochery (1896).

gleteire depuis 1798[1], est un impôt général *sur les revenus* divisés en cinq catégories ou *cédules :* 1° revenus des propriétés foncières; 2° bénéfices des fermiers; 3° pensions, rentes viagères, arrérages des fonds publics anglais ou étrangers; 4° bénéfices du commerce, de l'industrie, des professions libérales, intérêts des valeurs mobilières; 5° traitements publics et privés. — Le taux de l'impôt est le même dans toutes les cédules. Il est fixé annuellement. Il est aujourd'hui de 1 schelling par livre sterling, soit 5 °/o. Des dégrèvements totaux ou partiels (abatements) donnent à l'income-tax le caractère *dégressif*[2]. L'impôt est établi d'après la *déclaration* du contribuable revisée par l'Administration.

5. — 2° *Einkommensteuer prussien.* — L'Einkommensteuer (*Einkommen*, revenu; *Steuer*, impôt), qui fonctionne en Prusse depuis 1851, est un impôt *progressif* sur les *facultés globales* du contribuable. Sont soumis à l'impôt les revenus nets supérieurs à 900 marks (1125 francs). Ces revenus sont répartis en vingt-six classes : chaque classe est imposée à une taxe déterminée et uniforme. Le taux de l'impôt varie ainsi, suivant la classe, de 0,63 °/o à 4 °/o. Le mode de constatation est la *déclaration* du contribuable revisée par l'Administration. Depuis 1893 il existe, à côté de l'Einkommensteuer, un impôt complémentaire proportionnel *sur le capital* (Ergänzungsteuer). Il frappe les fortunes supérieures à 20000 marks, au taux de 1/2 °/o.

6. — 3° *Impôt sur le revenu italien.* — Il y a en Italie un impôt sur la *richesse mobilière*[3], qui est un impôt cédulaire sur les revenus, se rapprochant du type de l'*Income-tax*. Son tarif général est de 20 °/o, mais il existe des dégrèvements qui donnent à cet impôt le caractère *dégressif.* Le mode de constatation est la *déclaration* du contribuable.

[1] Il fut créé par le ministre Pitt à titre d'impôt de guerre. Supprimé en 1815, il a été rétabli en 1842.

[2] L'impôt *dégressif* est caractérisé par une *diminution* du taux normal en faveur des *petits* revenus, alors que l'impôt progressif se caractérise par une *augmentation* du taux de l'impôt pour les fortunes élevées. Au fond, ces deux espèces d'impôt ont la même nature. L'impôt dégressif est, comme on l'a dit, la progression réalisée dans le dessein de soulager les contribuables les moins fortunés. Sur le caractère dégressif des impôts projetés, V. n° 15, page 8.

[3] Créé en 1877.

7. — *4º Impôt sur le revenu dans les autres pays.* — L'impôt sur le revenu existe encore, depuis 1896, en *Autriche-Hongrie,* sous la forme d'un groupe de six impôts réels sur les revenus et d'un impôt complémentaire, personnel et progressif sur l'ensemble du revenu au-dessus de 12000 couronnes ; en *Alsace-Lorraine,* où, de 1890 à 1901, ont été successivement et méthodiquement substitués à nos contributions directes, telles qu'elles étaient en 1870-71, cinq impôts cédulaires, dont le taux varie, suivant la cédule, de 1,90 % à 4 % ; dans un certain nombre d'*États allemands* (Saxe, Bavière, Wurtemberg, etc.), en *Espagne,* au *Japon,* en *Norvège,* et dans les divers cantons de la *Suisse*[1].

[1] L'exposé des motifs présente le projet d'impôt sur le revenu, tel, du moins, qu'il se comportait dans le projet du Gouvernement, comme une combinaison des systèmes anglais et allemand et une adaptation de ces systèmes aux conditions particulières de l'existence dans notre pays : « Nous établissons, à l'image de ce qui existe en Angleterre, un impôt général sur les diverses classes de revenus, en les atteignant à leur source... Par-dessus cette première série de taxes, nous instituons un impôt personnel global répondant, quant à sa conception sinon dans son application, à l'*Einkommensteuer*... » (Exposé des motifs, p. 3.) Les systèmes d'impôts alsacien-lorrain et autrichien ont également exercé sur l'établissement du projet et sur sa discussion une notable influence. V., dans le rapport de M. le député Renoult, l'exposé du système alsacien-lorrain et de ses résultats (p. 612 et suiv.).

CHAPITRE I

GÉNÉRALITÉS — ÉCONOMIE GÉNÉRALE
DE LA RÉFORME

8. — Suppression des contributions directes. — La mise en vigueur[1] de la loi portant établissement de l'impôt sur le revenu entraînera comme conséquence immédiate la suppression des *contributions directes,* c'est-à-dire des impôts suivants :

La contribution foncière sur les propriétés bâties ;

La contribution foncière sur les propriétés non bâties ;

La contribution personnelle-mobilière ;

La contribution des portes et fenêtres ;

La contribution des patentes.

Il faut ajouter à cette énumération l'impôt de 4 % sur le revenu des valeurs mobilières, qui est une contribution indirecte[2].

9. — L'article 1er du projet de loi stipule que les contributions directes cesseront d'être perçues *pour le compte de l'État.* La suppression porte, en effet, sur le *principal* de ces contributions et sur les *centimes additionnels généraux perçus au nom de l'État*[3]. La question de la suppression des centimes additionnels perçus au profit des départements et des communes fait l'objet d'une disposition particulière[4].

[1] V. n° 45, page 17.

[2] Il n'est apporté, au contraire, aucune modification en ce qui concerne les impôts sur les actes juridiques et les mutations, sauf ce qui sera dit des droits de timbre et de transmission sur les valeurs mobilières (V. nᵒˢ 140 et s.), ni en ce qui regarde les contributions indirectes, à l'exception de la taxe sur les valeurs mobilières.

[3] Déclaration de M. le député Renoult, rapporteur, séance du 18 févr. 1909.

[4] V. n° 46, page 17.

10. — Maintien des taxes assimilées aux contributions directes. — La suppression des contributions directes n'entraîne pas la disparition des taxes assimilées aux contributions directes. Ces taxes[1] continueront à être perçues comme elles le sont actuellement. Spécialement, le projet n'apporte aucune modification aux règles essentielles de la taxe des biens de mainmorte[2]. Les impôts établis sur les revenus de la première et de la deuxième catégorie (revenus des propriétés bâties et non bâties) seront simplement substitués, pour l'assiette de cette taxe, au principal de la contribution foncière (art. 97).

11. — De même, aux termes de l'art. 98 du projet de loi, les exploitations minières resteront soumises aux redevances actuelles, la redevance *fixe* et la redevance *proportionnelle*, et celles-ci demeureront établies conformément aux lois actuellement en vigueur. Les exploitations minières échapperont, d'autre part, aux impôts établis par la loi nouvelle[3].

12. — Établissement d'un impôt général sur les revenus et d'un impôt complémentaire. — Aux contributions directes supprimées le projet de loi substitue :

1º Un *impôt général sur les revenus* de toutes catégories ;

2º Un *impôt complémentaire* sur l'ensemble du revenu de chaque chef de famille.

13. — Il y aura ainsi un impôt général à caractère *réel*, portant sur *tous les revenus* classés en catégories. A cet impôt *se superposera* un impôt à caractère *personnel*[4] (l'impôt complémentaire) assis sur l'ensemble du revenu de chaque chef de famille[5]. Tous ces impôts sont, en outre, des *impôts de quotité*[6].

---

[1] Taxe sur les billards, taxe sur les cercles, taxe sur les chevaux et voitures.

[2] Déclaration de M. le député Renoult, rapporteur, séance du 18 févr. 1909.

[3] On a fait, d'ailleurs, remarquer que les redevances minières sont un véritable impôt sur le revenu. — Les exploitations minières sont, au contraire, soumises à des taxes nouvelles par le projet de loi relatif aux taxes de remplacement des centimes additionnels départementaux et communaux. V. nº 48, page 18.

[4] Sur la distinction des impôts réels et des impôts personnels, V. la note 5, page 2.

[5] Exposé des motifs, page 7.

[6] V. *Dictionnaire pratique de Droit Dalloz*, vº *Impôts directs*, nº 4 ; *Petit Dictionnaire de Droit*, eod. vº, nº 4.

14. — Caractères de l'impôt complémentaire. — L'impôt complémentaire sur l'ensemble du revenu a, d'abord, le caractère d'une taxe de *rectification* et de *redressement,* « destinée à prélever sur la richesse et l'aisance un équitable *supplément de contributions* aux charges publiques[1] ». En outre, le Rapport le présente « comme la *partie maîtresse* de la réforme et comme la première ébauche de l'instrument fiscal de l'avenir, destiné à se développer au détriment des autres impôts directs et indirects[2] ».

15. — Caractère progressif des impôts projetés. — Le projet de loi consacre le principe de la *progressivité* de l'impôt[3] sous la forme atténuée de l'impôt *dégressif,* lequel consiste essentiellement dans l'adoption d'un taux d'imposition fixe, et dans l'application de ce taux, au moyen de dégrèvements, à une fraction de plus en plus grande du revenu imposable à mesure que celui-ci s'accroît. C'est ainsi qu'est établi l'impôt complémentaire sur l'ensemble du revenu. Mais le caractère progressif appartient également à l'impôt général sur les revenus et se retrouve dans les différentes catégories de cet impôt, par suite de l'établissement d'exemptions à la base et de déductions fonctionnant jusqu'à un certain chiffre de revenu, à l'exception de l'impôt de la première catégorie (revenus des propriétés bâties) et de l'impôt de la troisième catégorie (revenus des valeurs mobilières)[4].

[1] Exposé des motifs. « L'impôt complémentaire, lit-on, d'autre part, dans le Rapport, est combiné de manière à frapper le superflu plus lourdement que l'utile et le nécessaire ».

[2] « Si le système proposé devient une réalité, lit-on encore dans lo Rapport, il est bien certain que nous attendrons, pour l'améliorer *dans le sens de l'impôt global,* ses premiers résultats ». D'autre part, bien que le président de la Commission, M. Camille Pelletan, ait déclaré, avec l'approbation du ministre des Finances : « Nous ne pouvons pas admettre que nous ayons un trésor de réserve dans l'impôt complémentaire », un certain nombre d'orateurs ont nettement envisagé l'éventualité d'une augmentation possible du taux de l'impôt complémentaire. « En admettant, a dit notamment M. Fernand Brun, que, pour la première année d'essai, on puisse éprouver une légère déconvenue, il sera extrèmement facile d'y remédier les années suivantes en demandant à l'impôt complémentaire, par une légère majoration des tarifs, le produit nécessaire pour obvier à l'insuffisance de rendement » (Séance du 4 février 1908).

[3] V. la note 7, page 2, et la note 2, page 4.

[4] La progressivité ne se rencontre dans l'impôt de la 2ᵉ catégorie (propriétés non bâties) qu'en ce qui concerne les propriétaires exploitant pour leur compte. V. n° 91, page 33.

16. — Répartition des revenus en sept catégories. — Pour l'établissement de *l'impôt général sur les revenus*, le projet de loi répartit les revenus en *sept catégories*, savoir :

1º Revenus des propriétés foncières bâties;

2º Revenus des propriétés foncières non bâties;

3º Revenus des capitaux mobiliers;

4º Bénéfices du commerce, de l'industrie, des charges et offices;

5º Bénéfices de l'exploitation agricole;

6º Traitements publics et privés, salaires et pensions;

7º Revenus des professions libérales et de toutes occupations lucratives non dénommées dans les précédentes catégories[1].

17. — Cette répartition en catégories distinctes était imposée par le caractère même de l'impôt général sur les revenus, « qui doit atteindre la *matière imposable* à sa source en appliquant à chaque nature de revenu le mode d'assiette et de perception qui lui convient le mieux[2] ».

18. — Le projet de loi fait entrer dans l'énumération faite par son article 3 *toutes* les espèces de revenus[3]. Aucune nature de revenu n'est exemptée. C'est ainsi qu'on avait proposé, par voie d'amendement, d'exempter les *salaires* des ouvriers[4]. Mais cet amendement a été repoussé par ce motif qu' « un revenu ne saurait, dans une loi d'impôt sur le revenu, être exempté en raison de sa *nature*. Il peut seulement l'être en raison de son *chiffre*[5] ».

[1] Art. 3. — La disposition de cet article doit être combinée avec l'art. 64, aux termes duquel : « Tous revenus, profits ou gains, quelle qu'en soit la nature ou la dénomination, non expressément désignés à l'article 3, sont soumis à l'impôt général sur les revenus. Ils sont imposables d'après les règles fixées pour la 3e catégorie (revenus des capitaux mobiliers), à moins qu'ils ne dérivent principalement du travail, auquel cas ils sont imposés d'après les règles fixées pour la 7e catégorie ».

[2] Exposé des motifs, page 7.

[3] Sur ce qu'il faut entendre par le mot *revenus*, V. nº 2, page 2.

[4] Amendement présenté par M. le député Edouard Vaillant et un certain nombre de ses collègues, séance du 9 mars 1908.

[5] M. Camille Pelletan, président de la Commission, séance du 9 mars 1908. — Les auteurs de l'amendement dont il est parlé ci-dessus entendaient par salaire « le gain du prolétaire ». On a fait observer, à ce sujet, qu'il serait injuste d'exempter d'impôt l'ouvrier qui gagne 4 500 à 5 000 fr. par an, alors que le *petit employé* qui ne gagne que 3 000 fr. payerait l'impôt. Il est possible, il est vrai, d'assimiler au salaire des ouvriers le traitement des petits employés. V., en ce sens, la disposition de l'art. 39 ci-après, nº 205, page 71.

19. — Les diverses catégories de revenus distinguées par le projet de loi rentrent, d'ailleurs, dans trois catégories plus générales [1] : les trois premières catégories comprennent les revenus des *capitaux fixes*, autrement dit de la *richesse acquise;* la quatrième et la cinquième catégories comprennent les revenus provenant de la collaboration du capital et du travail (appelés revenus *mixtes*); enfin, la sixième et la septième catégories sont afférentes aux revenus du *travail*. Le projet de loi tient compte de la répartition des revenus dans telle ou telle de ces trois catégories pour l'établissement du taux de l'impôt (V. n° 23).

20. — **Assiette et mode de perception de l'impôt général sur les revenus.** — Il y a lieu de faire, à cet égard, une distinction entre les différentes sortes de revenus. En ce qui concerne les revenus autres que ceux des *capitaux mobiliers* (3e catégorie), l'assiette et la perception de l'impôt seront faites *annuellement* et par voie de *rôles nominatifs*. Ceux-ci seront établis, publiés et recouvrés comme le sont actuellement les rôles des contributions directes [2].

21. — Quant aux revenus des *capitaux mobiliers* (3e catégorie), ils subiront l'impôt général (sauf dans un seul cas [3]) par voie de *retenue* opérée au moment du payement de ces revenus.

22. — **Taux de l'impôt.** — Le taux de l'impôt général dans chaque catégorie de revenus est ainsi fixé par le projet de loi [4] :

1re catégorie (revenus des propriétés bâties). . 4 %
2e catégorie (revenus des propriétés non bâties). 4 %
3e catégorie (revenus des capitaux mobiliers). . 4 %
4e catégorie (bénéfices du commerce, de l'industrie, des charges et offices). . . 3,50 %
5e catégorie (bénéfices de l'exploitation agricole). 3 %

[1] V. la note 6, page 2.
[2] Article 4. — Le procédé du rôle *nominatif* comporte la tenue, dans chaque commune, de registres appelés *matrices* contenant les renseignements nécessaires pour asseoir les diverses contributions. Au moyen de ces renseignements sont dressés des *rôles* annuels indiquant à chaque contribuable la somme qu'il a à payer.
[3] V. n° 119, page 42.
[4] Article 6.

6e catégorie (traitements publics et privés, salaires et pensions). . . . . 3 %

7e catégorie (revenus des professions libérales et
occupations lucratives non dénom-
mées). . .. . 3 %

23. — Il est institué, par là, dans l'impôt général sur les revenus *trois* taux différents : 4 %, 3,50 %, 3 %, correspondant aux trois catégories générales de revenus indiquées plus haut (n° 19, page 10) : revenus du capital, revenus mixtes, revenus du travail [1]. Par suite des exemptions à la base et des abattements [2] pratiqués pour l'établissement de l'impôt dans chaque catégorie, le taux plein ne porte, d'ailleurs, que sur une partie des revenus. Cette circonstance même donne à l'impôt le caractère de la progressivité (V. n° 15).

24. — Le taux de l'impôt complémentaire est de 5 %.

25. — **Méthodes d'évaluation de la matière imposable.** — On distingue généralement trois méthodes d'évaluation de la matière imposable : la déclaration du contribuable, l'évaluation administrative, les présomptions légales basées sur des signes extérieurs. Ces différents procédés d'évaluation sont, d'ailleurs, susceptibles d'être combinés entre eux ; ils ont été inégalement utilisés par le projet de loi.

26. — Le système de la *déclaration* du contribuable est celui auquel on a eu le plus souvent recours. Il est, en effet, la règle pour l'établissement de l'impôt de la quatrième catégorie sur les revenus du commerce et de l'industrie ; de la sixième catégorie, sur les traitements et salaires [3] ; de la septième catégorie, sur es revenus des professions libérales ; enfin, pour l'établissement de l'impôt complémentaire. D'autre part, c'est à la déclaration qu'il est fait appel, dans l'impôt de la deuxième catégorie, pour les dégrèvements institués en faveur des petits propriétaires fonciers (déclaration facultative); dans l'impôt de la troisième

---

[1] V., toutefois, n° 191 et note 2, page 66.

[2] Ce terme, qui a été souvent employé dans la discussion du projet de loi, est emprunté à la législation anglaise de l'*Income-tax*. *Abatement* signifie déduction. V. n° 4.

[3] Dans cette catégorie, la déclaration n'est pas demandée au contribuable lui-même, mais à son employeur.

catégorie, pour les revenus des valeurs étrangères touchés à l'étranger [1].

27. — Le système de l'*évaluation administrative* sert à établir l'impôt de la première et de la deuxième catégorie.

28. — Enfin, le système des *présomptions légales* figure à l'impôt sur les bénéfices agricoles[2] (5e catégorie) et à l'impôt complémentaire, en ce qui concerne les personnes non domiciliées en France, mais y ayant une résidence.

29. — **Mesures destinées à assurer le secret des déclarations.** — Pour assurer la non-divulgation des renseignements fournis par les contribuables sur leurs revenus pour l'établissement de l'impôt, le projet de loi décide que la transmission de tous avis et communications concernant l'impôt sur les revenus des 4e, 6e et 7e catégories, c'est-à-dire celles dans lesquelles le contribuable est appelé à faire une déclaration, ainsi que l'impôt complémentaire, sera effectuée par la voie de la poste (en franchise) et sous enveloppe fermée.

30. — D'autre part, les personnes appelées, à l'occasion de leurs fonctions, à concourir à l'établissement, à la perception ou au contentieux de l'impôt, seront tenues au secret professionnel, et passibles des peines prévues par l'article 378 du code pénal, à savoir un emprisonnement d'un mois à six mois et une amende de 100 francs à 500 francs.

31. — Enfin, les contribuables ne pourront plus se faire délivrer des extraits de rôles autres que ceux concernant leurs propres cotisations. Il leur sera seulement loisible d'obtenir du percepteur, qui ne pourra s'y refuser, qu'il leur délivre un certificat constatant l'inscription ou la non-inscription aux rôles des personnes qu'ils lui désigneront[3].

32. — **Incidence de l'impôt.** — **Mesures contre sa réper-**

---

[1] On remarquera que les contribuables soumis à l'impôt complémentaire doivent déclarer tous leurs revenus provenant de valeurs mobilières.

[2] La proportionnalité établie par le projet de loi entre le bénéfice du fermier et la valeur locative de la propriété (article 37) est une sorte de signe extérieur.

[3] Article 95,

ussion. — Le législateur s'est préoccupé de la question, tou-
ours capitale en matière d'impositions, de l'*incidence* des
mpôts nouveaux[1]. Il a pris certaines mesures pour que l'impôt
oit réellement et définitivement payé par celui sur qui la taxe
st assise et qu'il ne se *répercute* pas sur une autre personne.
ans ce but, le projet de loi décide que seront réputées *non
crites*, c'est-à-dire inexistantes, nulles absolument, toutes sti-
ulations, quelle qu'en soit la date[2], tendant : 1º à assujettir
des personnes dégrevées par la loi à l'obligation de payer à ceux
avec lesquels elles ont contracté ou à des tiers des sommes
eprésentant tout ou partie du dégrèvement ; 2º à reporter sur
autrui les augmentations d'impôts résultant des dispositions de
la loi nouvelle ; 3º à rendre des prêts en cours immédiatement
exigibles si les emprunteurs ne prennent pas à leur charge le
payement de l'impôt sur les intérêts.

**33. — Réclamations. — Présentation, instruction et juge-
ent.** — Les réclamations auxquelles donneront lieu les rôles
nominatifs établis pour la perception des impôts nouveaux,
seront présentées, instruites et jugées comme en matière de
contributions directes[3]. Elles revêtiront, par suite, la forme de
emandes en décharge ou en réduction, de demandes en inscription, de demandes en mutation de cote ou en transfert de
cote, etc.[4].

34. — Ces demandes seront présentées sous forme de requête
dressée au préfet ou au sous-préfet, dans le délai de trois mois
à dater de la publication du rôle nominatif, et enregistrée à la
réfecture ou à la sous-préfecture.

35. — L'instruction sera dirigée par le directeur des contributions directes; mais le contribuable pourra toujours réclamer
une expertise qui sera suivie dans les formes édictées pour les
affaires de contributions directes par la loi du 17 juillet 1895.

[1] Article 99. — La question de l'*incidence* de l'impôt consiste à savoir
qui supporte définitivement la charge de l'impôt. Ce n'est pas toujours, en
effet, celui qui est originairement frappé. Par exemple, l'impôt de la
patente, dont est frappé le commerçant, est supporté définitivement, dans
la plupart des cas, par le consommateur.
[2] Cette nullité atteint, par suite, les stipulations qui seraient intervenues
avant la promulgation de la loi. V. nº 120 et la note 3, page 42.
[3] Article 4.
[4] V. *Petit Dictionnaire de Droit, vº Impôts directs,* nºˢ 47 et suiv.

36. — La juridiction compétente sera le *conseil de préfecture*, lequel statuera comme en matière ordinaire. Toutefois, par une innovation importante du projet de loi, le jugement sera rendu *en audience non publique* [1].

37. — Il pourra, enfin, être fait appel devant le *Conseil d'État* de la décision du conseil de préfecture.

38. — **Exemption d'un minimum d'existence.** — Le projet consacre l'exemption de tout impôt direct en faveur du revenu réputé indispensable au contribuable pour entretenir sa vie. Cette exemption se justifie par le principe que l'obligation à l'impôt a sa limite dans la possibilité de son accomplissement. D'autre part, et sans parler du poids plus lourd pour les petits contribuables des impôts sur les consommations [2], les frais de perception de l'impôt sur ces contribuables excèdent généralement son produit.

39. — Le revenu qui a été adopté comme représentant le minimum nécessaire à l'existence, est le revenu de 1250 francs. Toutefois le projet de loi, faisant état de ce que le revenu total des contribuables se compose le plus souvent de revenus de diverses natures, n'accorde dans certaines catégories le dégrèvement complet qu'à un revenu imposable de 625 francs, le revenu total ne dépassant pas, d'autre part, 1250 francs [3].

40. — **Exonération pour charges de famille [4].** — Tout contribuable dont le revenu total ne dépasse pas 12000 francs aura droit à un dégrèvement de 8 francs par personne se trouvant à sa charge. Seront considérées comme personnes à la charge du contribuable, à condition de n'avoir point de ressources personnelles : 1° les enfants ou descendants [5], à partir du deuxième [6], et s'ils sont âgés de moins de seize ans ou infirmes ; 2° les ascendants âgés ou infirmes.

[1] Article 4.
[2] V. la note 2, page 2.
[3] V. la note 2, page 61.
[4] Article 94.
[5] Enfants ou descendants nés du contribuable ou recueillis par lui (orphelins ou abandonnés).
[6] Les familles où il n'y a qu'*un* enfant ou descendant (né du contribuable ou recueilli par lui) ne sont pas dégrevées.

41. — Pour s'assurer le bénéfice de ce dégrèvement, le contribuable devra faire connaître chaque année à l'administration le nombre et l'âge des personnes à sa charge au 1er janvier.

42. — Si le montant du dégrèvement auquel il a droit est supérieur au total des cotisations inscrites dans les rôles au nom du contribuable, celui-ci pourra demander le *remboursement* de l'impôt payé par lui, au titre de la troisième catégorie sur les revenus de ses valeurs mobilières *nominatives,* jusqu'à concurrence du complément de déduction qui lui est dû[1].

43. — **Équilibre de la réforme.** — **Prévisions sur le produit des impôts projetés.** — **Sondages.** — Les évaluations faites au sujet du produit probable des impôts projetés ont fréquemment varié; elles ne sont d'ailleurs qu'approximatives[2]. Les amendements nombreux adoptés par la Chambre des députés ont apporté des changements notables dans les chiffres sur lesquels le Gouvernement et la Commission s'étaient primitivement basés. En dernière analyse, le ministre des Finances a présenté, à la séance du 2 mars 1909, les probabilités suivantes :

Impôt sur les revenus de la propriété bâtie . .   98 millions
Impôt sur les revenus de la propriété non bâtie .   45   —
Impôt sur les revenus des capitaux mobiliers[3] . 300   —

[1] La demande de remboursement ne pourra être produite utilement plus de trois mois après l'expiration de l'année pour laquelle le dégrèvement sera réclamé.

[2] Il est intéressant de noter, à ce sujet, un passage du rapport de M. Renoult, qui a été très commenté : « Nous aurions voulu étudier, dit-il, le rendement probable des diverses cédules et de l'impôt complémentaire. A cet effet, nous avons demandé avec insistance à l'Administration les statistiques qui ont dû lui servir pour l'établissement de l'équilibre de la réforme. Mais il ne lui a pas été possible, malgré son empressement et toute sa bonne volonté, de nous donner complète satisfaction. En effet, le ministère des Finances ne possède ni les éléments de calcul, ni les données statistiques qui seraient si utiles pour l'étude d'un projet d'impôt sur le revenu. Cette absence de statistiques précises du revenu de la France et de la répartition de ce revenu entre les différentes sources d'où il provient, s'explique par ce fait que nos contributions actuelles ne cherchant pas, pour la plupart, à atteindre les revenus réels, ne peuvent fournir, au sujet de ces revenus, que des indications approximatives. Il semble, toutefois, que la mise à l'étude, déjà ancienne, de l'impôt sur le revenu aurait pu conduire à la recherche des statistiques utiles ». V., d'autre part, la note rédigée par M. Aimond au nom de la commission sénatoriale chargée d'examiner le projet (Supplément au journal *le Temps,* du 12 juin 1909).

[3] Y compris les droits nouveaux remplaçant les droits de timbre et de transmission supprimés.

Impôt sur les bénéfices du commerce et de l'industrie.	110 millions	[1]
Impôt sur les bénéfices de l'exploitation agricole.	7	—
Impôt sur les traitements, salaires et pensions.	7	—
Impôt sur les revenus des professions libérales .	4	—
Impôt complémentaire	170	— [2]

L'ensemble des impôts nouveaux atteindrait de la sorte le chiffre de 720 à 725 millions [3].

44. — Des essais d'application (sondages) des impôts projetés ont été faits dans diverses localités par les soins de l'administration des Finances [4].

« Les résultats obtenus, dit M. le député Renoult dans son rapport, ne sont sans doute pas exactement ceux que produirait l'application régulière de la loi, étant donnée l'absence de certains éléments d'appréciation que les intéressés connaissent seuls et qu'on ne pouvait actuellement les obliger à fournir. On

---

[1] Le ministre des Finances a reconnu, toutefois, que cette évaluation est aléatoire. Elle est basée, en effet, sur le produit actuel de la patente, soit 135 millions. Il est tenu compte des dégrèvements.

[2] L'évaluation du produit de l'impôt complémentaire est nécessairement très aléatoire. M. Renoult portait cette évaluation à 150 millions seulement et la faisait reposer sur les bases suivantes : le revenu total de la France étant estimé égal à 22 milliards et demi, si l'on tient compte des dégrèvements à la base et des déductions qui figurent dans l'impôt complémentaire, il reste imposable une somme de 3 milliards environ qui ,au taux de 5 %, donneront un produit de 150 millions. Ce chiffre est porté, dans l'évaluation faite par M. le ministre des Finances, à 170 millions.

[3] Équivalent, a dit M. le ministre des Finances, de ce que rapportent actuellement les contributions directes, y compris les droits sur les valeurs mobilières. — Voici quel est, en effet, d'après l'exposé des motifs, le produit des contributions supprimées :

Contribution foncière bâtie	91	millions
Contribution foncière non bâtie.	105	—
Contribution personnelle-mobilière.	101	—
Contribution des portes et fenêtres.	66	—
Contribution des patentes.	138	—
Taxe sur le revenu des valeurs mobilières françaises. . . .	71	—
Taxe sur le revenu des valeurs mobilières étrangères. . . .	9	—
Droits de transmission, de timbre sur les valeurs, taxe des lots.	109	—
	690	millions

[4] V. le rapport de M. le député Renoult, pages 702 et suiv., et son rapport supplémentaire, p. 18 et suiv.

a dû, notamment, faire abstraction des taxes perçues sur les revenus des capitaux mobiliers... »[1].

45. — **Date d'application de la loi.** — L'article 101 et dernier, premier alinéa, du projet de loi porte : « La présente loi entrera en vigueur à l'expiration de la première année qui suivra celle de sa promulgation ». Par suite, si l'on suppose que le projet voté par la Chambre soit adopté par le Sénat et promulgué en 1910, la loi serait applicable à partir du 1er janvier 1912. Si la promulgation intervient en 1911, la loi ne sera applicable qu'au 1er janvier 1913, et ainsi de suite.

46. — **Suppression des centimes départementaux et communaux additionnels aux contributions directes.** — **Institution de nouvelles taxes locales.** — L'article 101 du projet de loi dispose, dans son second alinéa, qu' « à dater de l'entrée en vigueur de la loi, les impositions départementales et communales ne pourront être mises en recouvrement qu'en vertu d'une loi spéciale ». Le projet de loi relatif à la loi spéciale ainsi prévue a été déposé sur le bureau de la Chambre, le 3 mars 1909, par les ministres de l'Intérieur et des Finances[2]. Ses principales caractéristiques sont les suivantes[3] :

47. — On s'est efforcé de relier le système des impositions départementales et communales au régime nouveau que le projet d'impôt sur le revenu établit pour les finances de l'État. Notamment, on organise, au bénéfice des localités, un ensemble de taxes frappant les diverses *catégories de revenus* dans les

[1] D'après un rapport présenté par M. le conseiller Chassaigne-Goyon au conseil municipal de Paris, l'application des nouveaux impôts produirait pour les contribuables parisiens une surcharge de 29.814.000 francs, ou de 17,65 %. M. le député Renoult donne même comme augmentation probable : 32.483.000 francs, soit 19,24 %. « Ce résultat ne saurait surprendre, ajoute le rapporteur, beaucoup de détenteurs de grosses fortunes ayant leur domicile à Paris. Mais on ne saurait croire que la *généralité* des contribuables parisiens se trouvera plus lourdement taxée qu'auparavant. L'accroissement sera supporté par les contribuables les plus fortunés ».

[2] Exposé des motifs, annexe 2351. — Ce projet a été élaboré avec l'assistance d'une Commission extraparlementaire, instituée au ministère des Finances par arrêté ministériel du 27 août 1908.

[3] L'article 24 et dernier de ce projet de loi porte que la loi entrera en vigueur *en même temps* que la loi portant établissement de l'impôt général sur les revenus.

communes où ils sont *acquis*, d'après les mêmes règles que les impôts d'État du même ordre. Ces contributions sont complétées, d'autre part, par une imposition analogue à l'impôt complémentaire, atteignant le *revenu global* des citoyens dans les communes où ce revenu est *dépensé*.

48. — Toutefois, en ce qui concerne les impositions sur les catégories de revenus, plusieurs différences existeraient entre les impôts d'État et les contributions locales. D'une part, il n'est pas institué de taxe locale sur les *valeurs mobilières*. Les autres catégories de revenus instituées pour les impôts d'État sont, au contraire, conservées. D'autre part, le revenu net des exploitations minières figure parmi les revenus imposés à la quatrième catégorie[1]. Enfin, les exemptions et abattements admis, pour les impôts d'État, dans les catégories autres que celle des revenus des valeurs mobilières, pourront être, en ce qui concerne les impositions locales, *réduites* par les conseils municipaux. Ceux-ci pourront, en effet, abaisser des *trois quarts* les limites des fractions de revenus bénéficiant, dans l'impôt d'État, d'exonérations totales ou partielles. Toute réduction d'impôt sera même impossible en ce qui concerne les revenus des propriétés bâties et non bâties (1re et 2e catégories des impôts d'État).

49. — En ce qui concerne le *revenu global*, qui sera frappé d'une imposition analogue à l'impôt complémentaire, on prendrait pour base une *présomption légale tirée du loyer*. Cette présomption pourra, toutefois, être combattue soit par le contribuable, soit par l'administration. D'autre part, on n'a pas conservé l'exonération d'impôt au-dessous de 5000 fr. de revenu, qui existe dans l'impôt complémentaire d'État; on établit seulement une déduction variant de 500 francs à 2500 francs suivant la population de la commune, et que le conseil municipal pourra, suivant les cas, ou réduire, ou augmenter, pour l'établissement de l'impôt communal. Enfin, une déduction spéciale pour charges de famille entraînera sur les déductions et exemptions ainsi prévues une majoration d'un dixième par personne se trouvant à la charge du contribuable.

---

[1] Comp. n° 11 et la note 3, page 7.

50. — La mission d'établir les impositions départementales et communales appartiendra, comme dans la législation actuelle, aux conseils généraux et municipaux, qui voteront à cet effet un certain nombre de *centimes*[1] au *principal* départemental ou communal, calculé au moyen des éléments d'imposition constatés en vue de l'établissement des impôts d'État[2]. Mais la compétence de ces assemblées est unifiée et, en ce qui concerne les conseils municipaux, sensiblement élargie[3]. Les conseils généraux et municipaux pourront, en effet, voter sans approbation, d'une part, des centimes, sans limitation de nombre, d'un produit égal au montant des dépenses obligatoires, après affectation à ces dépenses des ressources ordinaires du département ou de la commune ; d'autre part, des centimes ordinaires pour dépenses ordinaires facultatives et des centimes extraordinaires pour dépenses extraordinaires, dans la limite du maximum fixé par la loi de finances. Enfin, après emploi de ces ressources, ils pourront voter, sauf approbation, des centimes ordinaires pour insuffisance de revenus et extraordinaires pour dépenses extraordinaires.

[1] La commission instituée au ministère des Finances a examiné la question de savoir s'il ne convenait pas de renoncer à exprimer à l'avenir les impositions départementales et communales par le vote de « centimes ». Elle a jugé qu'il était préférable de maintenir ce mode d'imposition pour conserver aux budgets locaux une certaine élasticité.

[2] La valeur du centime départemental sera, suivant l'exposé des motifs, sensiblement égale en moyenne à celle du centime d'après le principal actuel.

[3] On remarquera que les impôts d'État projetés étant tous des impôts de quotité, les conseils généraux n'auront plus à effectuer de répartement de contingent. De même, les conseils d'arrondissement ne seront plus chargés du sous-répartement.

CHAPITRE II

IMPOT DE 4 0/0 SUR LE REVENU DES PROPRIÉTÉS BATIES

51. — Caractère de cet impôt. — Maintien des lois en vigueur. — L'impôt établi par le projet de loi sur les revenus de la première catégorie ne constitue pas une innovation. Il se borne, en effet, à renvoyer, pour tout ce qui concerne l'*assiette* de cet impôt, aux lois actuellement en vigueur, relatives à la contribution foncière sur les propriétés bâties[1]. « Ces lois, depuis la réforme réalisée en 1890, organisent, lit-on dans l'Exposé des motifs, un véritable impôt sur le revenu, fonctionnant d'une manière très satisfaisante. » Il est certain que, grâce aux transformations qu'elle a subies depuis la loi du 8 août 1890, la contribution foncière sur les propriétés bâties est, de toutes les contributions directes, celle qui prête le moins à la critique.

52. — La contribution foncière sur les propriétés bâties est, depuis le 1er janvier 1891, réglée « en raison de la *valeur locative actuelle* de ces propriétés » (Loi du 8 août 1890, art. 2). Au lieu d'être assise, comme autrefois, et comme il en est encore pour les propriétés foncières non bâties, sur un *revenu moyen* calculé *une fois pour toutes* et inscrit à la *matrice cadastrale*, cet impôt a pour base d'évaluation le *revenu net* des propriétés calculé sur leur *valeur locative* actuelle[2]. Cette valeur locative est, d'autre part, revisée *tous les dix ans*. La première revision décennale a eu lieu de 1899 à 1900 et a été consacrée par

---

[1] Article 7.

[2] La contribution foncière des propriétés bâties, qui était auparavant un impôt de *répartition*, est devenue, par la réforme effectuée en 1890, impôt de *quotité*.

la loi du 13 juillet 1900. Ses résultats sont en vigueur depuis le 1er janvier 1901. En 1910 aura lieu une nouvelle revision, dont les résultats seront applicables au 1er janvier 1911.

53. — L'impôt sur le revenu des propriétés bâties sera assis, comme la contribution foncière actuelle, sur le *revenu net* desdites propriétés calculé sur leur *valeur locative actuelle,* et cette valeur locative une fois déterminée, on obtiendra le *revenu imposable* en opérant une déduction de 25 % pour les maisons d'habitation et de 40 % pour les établissements industriels[1]. De même, la valeur locative qui servira de base à l'impôt sera *revisée tous les dix ans.*

54. — Il résulte de cette assimilation des deux impôts, au point de vue de l'assiette, que, si la loi établissant l'impôt sur le revenu entrait en vigueur avant le 1er janvier 1911, l'évaluation décennale de 1900 servirait de base à l'impôt de la première catégorie. Si l'entrée en vigueur de la loi nouvelle a lieu après cette date, c'est la nouvelle revision décennale qui servira de base à l'impôt de la première catégorie.

55. — **Procédure des revisions décennales. — Commission communale de revision.** — Le projet de loi prévoit la méthode suivant laquelle il sera procédé à la revision décennale des évaluations. Sous les lois actuellement en vigueur, il est procédé à cette revision par des commissions dans lesquelles le contrôleur jouit d'un pouvoir discrétionnaire pour effectuer l'évaluation du revenu net. Sous le régime de la loi nouvelle, il sera institué une commission composée du contrôleur des contributions directes, du maire, du percepteur et de cinq propriétaires fonciers (dont deux au moins « forains », c'est-à-dire ne résidant pas dans la commune), désignés par le

---

[1] La législation actuelle distingue, pour l'établissement de l'impôt sur la propriété bâtie, la *superficie* des propriétés et leur *élévation.* Le premier de ces éléments est imposé à la contribution foncière des propriétés *non bâties* d'après son revenu cadastral, qui est celui des meilleures terres labourables de la commune. Un amendement de M. le député Emile Merle, ayant pour objet d'incorporer à l'impôt de la 1re catégorie le sol sur lequel es bâtiments sont élevés, a été repoussé sur l'observation, faite par le ministre des Finances, que cette mesure ne présenterait aucun intérêt ratique, la cotisation des contribuables ne devant pas s'en trouver modifiée. (Séance du 9 mars 1908.)

préfet sur une liste de dix noms proposés par le conseil municipal[1].

56. — Propriétés exemptées d'impôt à titre permanent. — Certaines propriétés seront exemptées, à titre permanent, de l'impôt de la 1re catégorie. Ce sont : 1o celles qui remplissent la triple condition : *a*) d'appartenir à l'Etat, aux départements, aux communes ou aux établissements publics; *b*) d'être affectées à un service d'utilité générale; *c*) d'être improductives de revenus[2].

57. — 2o Les bâtiments consacrés aux exploitations rurales, qui continueront à bénéficier de la disposition de la loi du 3 frimaire an 7, en vertu de laquelle ces constructions ne sont taxées qu'à raison du terrain qu'elles enlèvent à la culture.

3o Les immeubles *habités par leur propriétaire,* dont le revenu imposable ne dépasse pas 80 francs lorsque, d'autre part, le revenu total du propriétaire n'excède pas 1250 francs[3]. Pour bénéficier de cette exemption, le contribuable devra faire à la mairie une déclaration annuelle détaillée de ses revenus et affirmer que l'ensemble de ces revenus ne dépasse pas 1250 francs[4].

58. — Propriétés exemptées d'impôt temporairement. — D'autre part, en vertu des lois actuellement en vigueur et dont le maintien est stipulé par le projet de loi, certaines propriétés jouiront d'une exemption temporaire d'impôt. Ce sont : 1o les·

[1] Article 7. — Cette méthode d'évaluation est, d'ailleurs, commune à l'impôt des 1re et 2e catégories. (V. no 73.) — La nomination par le préfet des propriétaires membres de la commission de revision n'est pas une innovation. Il en est ainsi actuellement pour la désignation des membres de la commission des *répartiteurs*, chargés de la répartition du contingent de l'impôt foncier dans les communes.

[2] Ces conditions ne sont pas nouvelles. Ce sont celles qu'édicte la loi du 3 frimaire an 7 (art. 105 et 106). L'improductivité exigée est celle, par exemple, que présentent les terrains dépendant des fortifications d'une place de guerre. Mais il cesserait d'en être ainsi si ces terrains étaient affermés. De même un abattoir communal où une redevance est payée par les bouchers, une carrière exploitée en vue du pavage des rues ne sont pas des terrains improductifs et seront soumis à l'impôt.

[3] Article 55. — Dans l'immense majorité des petites communes de moins de 2.000 habitants, a dit M. le ministre des Finances, 40 °/₀ des maisons ont une valeur locative inférieure à 80 francs.

[4] Article 56.

constructions nouvelles, qui ne seront soumises à l'impôt que la *troisième année* après leur construction, sous la condition d'une déclaration à la mairie dans les quatre mois de l'ouverture des travaux;

59. — 2º Les habitations à bon marché, individuelles ou collectives, remplissant certaines conditions, qui continueront à jouir, conformément à la loi du 12 avril 1906, d'une exemption d'impôt pendant *douze années* à compter de leur achèvement.

60. — Propriétés bâties appartenant aux hôpitaux, hospices et bureaux de bienfaisance. — Lorsque ces propriétés seront productives de revenus, elles seront soumises à l'impôt. On a réclamé pour elles (amendement de M. Louis Vigouroux) une exemption d'impôt. L'amendement a été repoussé. Mais le ministre a pris l'engagement de faire étudier les répercussions de la réforme pour les établissements de bienfaisance et les remèdes à y apporter éventuellement, notamment par voie de subventions.

61. — Déduction des intérêts des dettes. — Les intérêts des dettes hypothécaires, privilégiées, ou garanties par une antichrèse et les intérêts des dettes chirographaires ayant date certaine pourront être, sous certaines conditions, déduits du revenu imposable des immeubles grevés. Sur la manière dont s'opérera cette déduction, V. nº 71.

CHAPITRE III

IMPOT DE 4 0/0 SUR LE REVENU DES PROPRIÉTÉS NON BATIES

62. — Si l'impôt sur le revenu des propriétés bâties n'est que la « prolongation » de la contribution foncière actuelle sur les propriétés bâties, l'impôt sur le revenu des propriétés non bâties, au contraire, est constitué avec une base entièrement différente de celle de la contribution actuelle sur ces mêmes propriétés. Il est fait totalement abstraction, en effet, des évaluations cadastrales, lesquelles ne correspondent plus, d'ailleurs, depuis longtemps et dans la plupart des cas, à la réalité des choses.

63. — **Propriétés imposées.** — Toutes les propriétés non bâties sont, en règle générale, imposables dans la deuxième catégorie de l'impôt général sur les revenus. Il n'est fait exception que pour celles qui remplissent la triple condition : 1º d'appartenir à l'État, aux départements, aux communes ou aux établissements publics; 2º d'être affectées à un service d'utilité générale; 3º d'être improductives de revenus[1].

64. — **Assiette de l'impôt.** — Ici encore, le projet de loi n'innove pas absolument. Il se borne à étendre à l'impôt sur le revenu des propriétés non bâties la règle générale d'évaluation déjà appliquée à l'impôt sur le revenu des propriétés bâties et empruntée, comme on l'a dit, à la législation actuelle. L'im-

---

[1] Article 8. Comp. nº 56.

pôt de la 2ᵉ catégorie est, en effet, assis sur la *valeur locative réelle* des propriétés, autrement dit le *revenu net* [1] que ces propriétés produisent ou sont susceptibles de produire.

65. — Calcul du revenu net imposable. — Déduction d'un cinquième. — L'impôt sur le revenu ne doit porter que sur le *revenu net*. Or, la valeur locative intégrale représente un *revenu brut*. Les propriétaires fonciers ont à supporter sur ce revenu les frais d'entretien et d'amortissement des bâtiments ruraux. Ils courent des risques de non-location et de perte de loyers. Dans l'impossibilité d'apprécier à cet égard la situation de chaque individu, le projet de loi opère sur la valeur locative réelle une déduction moyenne et forfaitaire *d'un cinquième*. Le revenu net, imposable à la seconde catégorie de l'impôt général, se compose donc des *quatre cinquièmes* de la valeur locative réelle des propriétés.

66. — Au nom de qui l'impôt est établi. — L'impôt est établi au nom du *propriétaire* du fonds [2]. « Sans doute, lit-on dans le Rapport, le propriétaire aura le droit, dans les limites et sous les conditions fixées par l'Administration, de déléguer à son fermier le payement de l'impôt foncier. Mais il restera personnellement soumis aux poursuites du percepteur lorsque l'intérêt du recouvrement l'exigera ».

67. — Commune dans laquelle l'impôt est établi. — L'impôt est établi dans la commune où est située la propriété imposable. Par suite, alors même qu'une terre dépendrait d'une ferme située dans une localité voisine, elle sera portée au rôle de la commune sur le territoire de laquelle elle se trouve [3].

---

[1] Dans le langage de l'Administration des Finances, les expressions *revenu net actuel* et *valeur locative réelle* sont synonymes : elles s'emploient pour désigner le revenu net du *propriétaire* ; autrement dit, la *rente foncière*. Dans le langage des économistes, au contraire, suivant une remarque de M. le député Théodore Reinach, il n'y a pas identité entre le revenu net et la valeur locative. Dans le produit brut d'une propriété foncière, il doit être fait trois parts : la part du propriétaire, la part du fermier, la part des frais généraux. Si on déduit les frais généraux du produit brut, ce qui reste est le *revenu net*. Ce revenu net se décompose, à son tour, en deux éléments qui sont, d'une part, la *valeur locative* (part du propriétaire), et, d'autre part, le *bénéfice agricole* (part du fermier).

[2] Article 9. — (Loi du 2 messidor an VII).

[3] Article 9. — (Loi du 2 messidor an VII).

68. — **Évaluation de la valeur locative réelle.** — Le projet de loi [1] renvoie, pour cette évaluation, aux règles posées par l'article 3 de la loi de finances du 31 décembre 1907, qui a prescrit une nouvelle évaluation des revenus de la propriété non bâtie. Ces évaluations sont effectuées dans chaque commune « en tenant compte des exploitations distinctes, et d'après un tarif établi par nature de cultures et de propriétés, à l'aide de baux authentiques ou de déclarations de locations verbales dûment enregistrées ».

69. — Au surplus, le Gouvernement a fourni les explications suivantes sur la façon dont il serait procédé à l'évaluation de la valeur locative pour l'établissement de l'impôt nouveau. « Lorsqu'il y aura un bail, a dit le ministre des Finances, pas de difficulté. Il suffira de s'assurer que le bail correspond véritablement à la rente du sol. Lorsqu'il n'y aura pas de bail, ce sera par la *comparaison* des prix de vente et de tous les éléments dont dispose le contrôleur des contributions directes »; « ... notamment, a ajouté M. le Rapporteur, par les renseignements fournis par la commission chargée de la revision décennale ». — On procédera encore, a dit le Rapporteur, par estimation directe ou par l'application du taux d'intérêt aux valeurs vénales. Ces divers moyens sont, d'ailleurs, mis en vigueur actuellement par les agents des contributions directes pour la détermination de la valeur locative en matière de patente et de contribution foncière bâtie ».

70. — **Fixité des évaluations.** — Le projet pose le principe de la fixité des évaluations servant de base à l'impôt pendant une période de *dix années*. On ne pouvait songer, en effet, à faire constater annuellement les changements survenus dans la valeur locative, laquelle, d'ailleurs, ne présente qu'à des intervalles éloignés des variations importantes et définitives. Il était, toutefois, équitable de prévoir des cas où les évaluations pourraient être exceptionnellement modifiées, au cours de chaque période. Ces cas sont les suivants : 1° « baisse *notable et durable* de la valeur locative par suite d'événements imprévus, indépendants de la volonté du propriétaire et *affectant le fond même du terrain* », c'est-à-dire en cas d'atteinte portée

---

[1] Article 9.

non seulement aux fruits, mais au sol lui-même (ou aux troncs des arbres)[1] ; 2° accroissements ou pertes de matière imposable[2].

71. — Déduction des dettes du revenu imposable. — On devra déduire du revenu imposable les intérêts des dettes hypothécaires, des dettes privilégiées ou garanties par une antichrèse, lesquels intérêts sont d'ailleurs soumis à l'impôt de la 3e catégorie[3]. — Les intérêts des dettes chirographaires elles-mêmes, si celles-ci ont date certaine, et lorsqu'elles auront été contractées dans l'intérêt de l'immeuble. devront être déduits du revenu imposable[4].

72. — Pour obtenir cette déduction, le contribuable devra adresser une demande au contrôleur des contributions directes et l'appuyer des pièces de nature à justifier de ses droits. En cas de fraude, il encourra une amende égale au quintuple des droits éludés.

73. — Procédure des revisions décennales. — Le soin de procéder aux revisions décennales sera confié à une commission présidée par le contrôleur des contributions directes, assisté du percepteur, du maire et de cinq *classificateurs* propriétaires fonciers, dont au moins deux ne résidant pas dans la commune, désignés par le préfet sur une liste de dix noms proposés par le conseil municipal[5]. — La composition de cette commission est, d'ailleurs, identique à celle de la commission instituée pour les revisions décennales des évaluations de la

---

[1] Article 12, parag. 2. — Les événements doivent être indépendants de la volonté de l'homme. La Chambre a repoussé un amendement de M. de Gailhard-Bancel tendant à admettre la réclamation des propriétaires qui ont rendu telle parcelle de leur fonds improductive pour plusieurs années par suite d'un aménagement de culture.

[2] Article 10.

[3] Article 52, premier paragraphe.

[4] Article 52, deuxième paragraphe. — Déclaration de M. le Ministre des Finances, séance du 14 déc. 1908.

[5] M. le député Joseph Monsservin a demandé par voie d'amendement que seuls fissent partie de la commission de revision les propriétaires ne bénéficiant pas de dégrèvements ou d'exonérations entraînant une exemption totale. L'amendement a été retiré après que le ministre des Finances et le président de la Commission eussent fait valoir la garantie résultant pour les contribuables de la désignation des classificateurs par le conseil municipal.

propriété bâtie [1]. Les classificateurs seront nommés et procéderont dans les mêmes conditions que les répartiteurs actuels pour la contribution foncière non bâtie. A cet égard, il n'y a donc pas innovation.

74. — On remarquera que, lors de l'application de l'impôt, la base de celui-ci sera l'évaluation faite conformément à l'article 3 de la loi du 31 décembre 1907, et non d'après les règles nouvelles instituées par le projet de loi, lesquelles seront seulement applicables aux revisions ultérieures [2]. Or, la loi du 31 décembre 1907 n'a imposé au ministre des Finances aucune procédure déterminée pour les évaluations. Notamment, le ministre désigne à son gré les personnes appelées à les faire. Mais le ministre des Finances a promis de décider *par voie d'instructions* que les évaluations seront faites, dès l'application de la loi, suivant la forme prévue à l'article 11 du projet de loi, c'est-à-dire par le contrôleur assisté des classificateurs.

75. — Indépendamment de la valeur locative des propriétés, le contrôleur, assisté comme il a été dit au nᵒ 73, procédera à la détermination des contenances par nature de culture et par lieux dits des immeubles. « On a estimé, en effet, dit le Rapport, que l'établissement du nouvel impôt fournissait une occasion favorable et depuis longtemps attendue pour mettre au point la situation et l'évaluation, quant au revenu, des parcelles ».

76. — **Avis au contribuable.** — Le projet pose le principe du droit pour le contribuable de formuler des observations contre l'évaluation faite par le contrôleur. A cet effet, le contrôleur adressera au contribuable un avis lui faisant connaître l'évaluation de la valeur locative, la désignation des contenances par nature de culture et par lieux dits des immeubles non bâtis existant à son nom dans la commune. Il l'avertira en même temps qu'il est admis à réclamer contre l'évaluation et les désignations susdites.

77. — **Délais et conditions de réclamation.** — Le droit de réclamation sera ouvert pendant six mois à dater de la publication du premier rôle dans lequel les résultats de la nouvelle

[1] V. nᵒ 55, page 21.
[2] Comp. nᵒ 54, page 21.

évaluation auront été appliqués, et pendant trois mois à partir de la publication des deux rôles suivants (deuxième et troisième rôles).

78. — Un droit de réclamation sera également ouvert aux contribuables, lors de la publication des rôles subséquents, pendant trois mois à dater de la publication de chaque rôle ; mais il ne pourra être exercé, conformément à la règle énoncée au n° 70, qu'à raison d'une baisse notable et durable de la valeur locative due à des événements imprévus, indépendants de la volonté des intéressés et affectant le fond même du terrain.

79. — **Remises et modérations d'impôt.** — A côté des cas de revision de l'évaluation, lesquels supposent une modification de la substance même du terrain, le projet admet des remises et des modérations d'impôt en cas de baisse *accidentelle* du produit, dans les conditions où il en est accordé actuellement. Ces remises pourront être *individuelles* ou *collectives*. Elles seront la conséquence d'événements calamiteux n'ayant atteint *que la récolte*, et ayant déterminé seulement une baisse *passagère* de la valeur locative.

80. — Elles pourront être accordées, tout d'abord, dans les conditions de la loi du 15 septembre 1807 (art. 37), c'est-à-dire en cas d'*intempéries*, telles que grêles, gelées, inondations. — En outre, elles pourront être obtenues en cas de dommages ou de pertes survenant à la suite de maladies cryptogamiques ou autres calamités, telles que l'oïdium, le phylloxera, la mouche de l'olive, les maladies des vers à soie, l'invasion des campagnols, les épizooties, etc. (Note du 20 janv. 1906 [1].)

81. — **Durée des remises ou modérations d'impôt.** — Les remises et modérations d'impôt seront accordées pour un délai d'*un an*. Elles pourront être renouvelées pendant cinq ans. — Dans le cas de phylloxera, la remise se continuera *de plein droit* pendant les cinq années nécessaires à la reconstitution du vignoble.

82. — **Taxation des revenus forestiers.** — Les propriétés forestières sont des fonds dont les revenus ont une nature par-

[1] Note du ministre des Finances relative aux dégrèvements d'impôt et aux secours alloués dans le cas de pertes causées par des événements extraordinaires.

liculière, car ils sont périodiques et non annuels. D'autre part, si une forêt est susceptible d'avoir une valeur locative, il sera souvent difficile, en dehors du cas où cette forêt fait l'objet d'un bail, de déterminer cette valeur et de donner, par suite, une base à l'impôt. Le ministre des Finances, tout en reconnaissant l'existence de cette difficulté, a déclaré que la valeur locative réelle d'une propriété forestière, ajoutée au bénéfice agricole[1], ne pourrait donner un revenu total imposable supérieur au revenu net résultant des coupes. Ainsi, une forêt donnant un revenu net de 10.000 francs, l'ensemble de sa valeur locative réelle imposée à la seconde cédule et du bénéfice agricole, imposé à la cinquième, ne pourra former une somme supérieure à 10.000 francs.

83. — Suppression des exemptions temporaires actuelles. — Sous le régime des lois actuelles, et en vertu de l'article 226 du Code forestier, les *semis* et *plantations* de bois effectués sur le sommet ou le penchant des montagnes, dans les dunes ou les landes, jouissent d'une exemption totale de l'impôt foncier pendant *trente années*. — D'autre part, aux termes de la loi du 3 frimaire an 7 (art. 116) et de celle du 29 mars 1897, une exemption des trois quarts de l'impôt foncier est accordée aux plantations et semis de bois effectués *en plaine*.

84. — Ces exemptions n'existeront plus sous le régime nouveau[2]. La base de l'impôt sur le revenu est, en effet, le revenu net *actuel*. Si donc une lande vient à être plantée en bois, comme elle ne produit *actuellement* aucun revenu, par cela même elle ne sera pas imposée. Si, à la première revision décennale, la plantation commence à produire un revenu, si faible soit-il, elle payera une cotisation *proportionnée* à ce revenu. Lors d'une

---

[1] M. le député André Renard a fait observer que le travail de l'homme n'est, dans le revenu forestier, qu'un élément tout à fait accessoire. A son avis, il serait impossible d'appliquer au revenu forestier les règles admises pour le revenu des terres de culture et de taxer séparément la rente du sol et le bénéfice agricole (Séance du 16 mars 1908).

[2] Il en est de même, d'ailleurs, d'un certain nombre d'autres exemptions temporaires, telles que celle accordée par la loi du 1er décembre 1887 aux terrains replantés en vignes dans les cantons atteints par le phylloxera; celle qui existe pour les marais desséchés, les marais ou lais de mer convertis en marais salants, les terres en friche mises en valeur, etc. V. toutefois, en ce qui concerne les remises d'impôt en faveur des vignes phylloxérées, le n° 81, page précédente.

nouvelle revision, si le revenu a augmenté, la plantation payera une cotisation plus élevée, et ainsi de suite jusqu'à ce que la situation normale soit atteinte [1].

85. — Régime des plantations ou semis effectués avant la promulgation de la loi nouvelle. — Un amendement de M. le député Th. Reinach tendait à continuer à ces plantations le bénéfice de l'exemption totale ou partielle d'impôt qui leur a été accordée, en vertu des lois actuelles, pour une durée de trente ans à dater des semis ou des plantations. Cet amendement a été repoussé. Par suite, dès la promulgation de la loi d'impôt sur le revenu, les plantations et semis de bois cesseront de bénéficier du régime d'exemption antérieur pour rentrer dans le droit commun des propriétés non bâties.

86. — Mesure dans l'intérêt du reboisement. — Règlement relatif à l'exploitation des bois et forêts. — Aux termes de l'article 100 du projet de loi, deuxième alinéa, « un règlement spécial d'administration publique sera rendu sous le contreseing du ministre des Finances, *après avis du ministre de l'Agriculture*, relativement à l'évaluation des bois et forêts ». Le but de cette disposition est d'atténuer « l'esprit de fiscalité excessive du ministère des Finances » par un concert entre ce département et celui de l'Agriculture, et cette mesure a été prise, a-t-il été déclaré, dans l'intention de ne pas entraver les progrès du reboisement.

87. — Taxes de pâturage perçues sur les propriétés communales. — Sur certaines propriétés communales qui ne peuvent être utilisées que comme pâturages (terrains vagues, propriétés en friche, etc...), les communes laissent les habitants faire pâturer leurs bestiaux. Les communes pauvres perçoivent, à cette occasion, des *taxes de pâturage*. Celles-ci ne seront pas considérées comme un *revenu* tombant sous l'impôt de la 2e catégorie.

---

[1] D'autre part, par le jeu des exemptions et dégrèvements établis par l'article 13 du projet de loi (V. ci-dessous, n°˙ 88 et suiv.) certains avantages seront accordés aux *petits* propriétaires de bois : dégrèvement complet jusqu'à concurrence de 625 francs de valeur locative et 1.250 francs de revenu total ; dégrèvement partiel au-dessus de 625 francs et jusqu'à 5000 francs de revenu.

88. — **Dégrèvements en faveur des petits propriétaires exploitant pour leur compte** [1]. — Le propriétaire qui exploite sa terre lui-même, ou qui la fait exploiter pour son propre compte, et pour qui, par suite, la terre est un instrument de travail et non un titre de rente, bénéficiera, jusqu'à concurrence d'un certain *revenu total,* d'un dégrèvement variable suivant l'importance de ce revenu. Dans le calcul du revenu total on devra, d'ailleurs, faire entrer les autres sources de revenus que possède le propriétaire foncier en dehors de son exploitation foncière, par exemple le travail qu'il fournit dans une exploitation voisine [2], les revenus de ses valeurs mobilières.

89. — Trois situations distinctes sont prévues par le projet de loi : 1º le propriétaire exploitant pour son compte a un revenu total ne dépassant pas 1250 francs ; 2º le propriétaire exploitant pour son compte a un revenu total supérieur à 1250 francs, mais n'excédant pas 5000 francs ; 3º le propriétaire exploitant pour son compte a un revenu total supérieur à 5000 francs. Les dégrèvements ne sont applicables qu'aux deux premières catégories de propriétaires [3].

90. — Dans le premier cas, celui où son revenu total ne dépasse pas 1250 francs, le propriétaire exploitant pour son compte jouira d'une *exemption totale* de l'impôt de la deuxième catégorie jusqu'à concurrence de 625 francs de revenu net imposable [4].

[1] Article 13. — Cet article constitue ce qu'on a appelé « le grand dégrèvement » ou « le dégrèvement historique » des campagnes.

[2] Toutefois, les revenus du travail (traitements, salaires, pensions), n'entreront en compte dans le calcul du revenu total que lorsqu'ils excéderont 300 francs par an (Article 14). D'autre part, les intérêts des sommes inscrites sur les livrets de caisse d'épargne seront déduits pour les contribuables dont le revenu total n'excédera pas 1250 francs (Déclaration du ministre des Finances).

[3] Par suite, lorsque le propriétaire exploitant pour son compte a un revenu total supérieur à 5000 francs, il paie l'impôt de la 2ᵉ catégorie au taux plein, soit 40 francs d'impôt pour 1000 francs de revenu.

[4] S'agissant d'un propriétaire exploitant lui-même sa terre, on doit ajouter aux 781 fr. 25 de revenu net qui correspondent à ces 625 francs de revenu imposable de la deuxième catégorie, une somme égale à la moitié de 781 fr. 25, soit 390 fr. 65, représentative du revenu de l'exploitation agricole, pour avoir son revenu agricole total, soit 1171 fr. 90. (En ce qui concerne le revenu de l'exploitation agricole, V. nᵒˢ 191 et suiv., page 66.) Ainsi, pour un revenu agricole total de 1171 fr. 90 (dans lequel ne figure pas la valeur loca-

91. — Dans le cas où le revenu total du propriétaire exploitant pour son compte est supérieur à 1 250 francs, sans excéder, toutefois, 5 000 francs, ce propriétaire bénéficie d'un dégrèvement des *trois quarts* sur la fraction de son revenu de la seconde catégorie ne dépassant pas 625 francs ; d'un dégrèvement de *moitié* sur la fraction de ce revenu comprise entre 626 francs et 1 000 francs ; enfin d'un dégrèvement *du quart* sur la fraction de ce revenu comprise entre 1 001 francs et 1 250 francs [1]. Le surplus du revenu est taxé au taux plein [2].

92. — **Déduction de la valeur locative de la maison d'habitation.** — Outre les déductions ci-dessus énumérées, la valeur locative de la maison d'habitation ne sera pas comprise dans le compte du revenu total, lorsque cette valeur locative ne dépassera pas 80 francs.

93. — **Formalités à remplir pour obtenir les dégrèvements. — Déclaration et affirmation du contribuable.** — Les contribuables devront [3], pour obtenir le bénéfice des dégrèvements ci-dessus, faire chaque année, dans le délai d'*un mois,* à partir de la publication [4] des rôles, à la *mairie* ou chez le *percepteur* des contributions directes de leur domicile, une *déclaration* de toutes leurs propriétés non bâties, avec l'indication des localités

tive de la maison d'habitation si elle n'excède pas 80 francs, V. n° 92) le petit propriétaire sera exempt d'impôt dans la seconde catégorie. Il le sera, d'ailleurs, également dans la 5° catégorie (V. n° 195, page 67).

[1] Le projet de loi est muet sur les dégrèvements dont bénéficiera le propriétaire exploitant pour son compte, dont le revenu, bien que supérieur à 625 francs, ne dépasse pas 1250 francs. Sous peine de lui faire supporter un impôt plus lourd qu'au propriétaire ayant un revenu supérieur, on est conduit à admettre que les mêmes dégrèvements lui sont applicables qu'au propriétaire ayant un revenu total compris entre 1.250 francs et 5.000 francs.

[2] Si nous supposons, par exemple, un propriétaire exploitant lui-même son fonds et ayant 4.000 francs de revenu de la 2° catégorie, sans que son revenu total excède 5 000 fr., ce propriétaire supportera l'impôt de la 2° catégorie sur un revenu de :

$$\frac{625}{4} + \frac{1000 - 625}{2} + \frac{3(1250 - 1000)}{4} + (4000 - 1250) = 3281,25.$$

L'impôt, au taux de 4 °/₀, sera de 131 fr. 25.

[3] Article 14.

[4] La publication des rôles consiste dans l'apposition d'une affiche prévenant les contribuables que les rôles ont été remis au percepteur. Elle n'entraîne pas, suivant une observation du ministre des Finances, la publicité des cotisations portées sur ces rôles.

où elles sont situées et du revenu imposable y afférent. Ils devront, en outre, *affirmer* dans cette déclaration :

1º Que l'exploitation de leurs propriétés est effectuée par eux-mêmes ou pour leur compte ;

2º Que le total de leurs revenus de toute catégorie n'excède pas les chiffres prévus par la loi [1].

94. — La faculté de faire la déclaration *à la mairie* est une facilité accordée aux contribuables dont le domicile peut être très éloigné de la perception. Néanmoins, le contribuable s'adressera au percepteur lorsqu'il voudra s'assurer une garantie plus complète de discrétion. En outre, avec le percepteur, il se trouvera en présence d'un agent ayant une responsabilité précise. Il importe d'observer, toutefois, que le maire est, à cet égard, compris parmi les personnes soumises à l'obligation du secret professionnel [2]. La déclaration pourra, au surplus, être remise sous enveloppe au maire, qui la transmettra dans cet état au percepteur.

95. — **Pénalités.** — Une amende de 50 à 100 francs, pouvant être portée au double en cas de récidive, sera encourue par tout contribuable qui aura sciemment, au moyen d'une fausse déclaration, obtenu ou tenté d'obtenir les dégrèvements prévus par la loi nouvelle. L'amende sera prononcée par le conseil de préfecture [3].

[1] 1250 francs ou 5 000 fr., suivant le cas. V. nº 89.
[2] Article 90. V. nº 30, page 12.
[3] Article 15.

CHAPITRE IV

IMPOT DE 4 0/0 SUR LES REVENUS DES CAPITAUX MOBILIERS — RÉGIME NOUVEAU DES DROITS DE TIMBRE ET DE TRANSMISSION

96. — Le projet de loi assujettit à l'impôt dans cette cédule *tous les revenus* sans exception provenant de *capitaux mobiliers*. Ainsi le régime de l'égalité de traitement au régime actuel, dans lequel des inégalités notables existent, au point de vue de l'impôt, entre les revenus des différentes natures de capitaux mobiliers.

97. — Revenus soumis à l'impôt. — Ce sont : 1º les dividendes et intérêts des actions, parts de fondateur, obligations, parts d'intérêts, commandites et emprunts de toute nature des sociétés françaises et étrangères ; 2º les arrérages et intérêts des emprunts et obligations des départements, communes et établissements publics français ; 3º les arrérages et intérêts des rentes, emprunts et autres effets publics des colonies françaises ; 4º les actions, obligations, titres d'emprunts et obligations des provinces, villes, corporations étrangères et de tout autre établissement public étranger ; 5º les arrérages et intérêts des rentes, obligations et autres effets publics émis par l'État français et par les États étrangers ; 6º les intérêts des créances hypothécaires, privilégiées et chirographaires ; 7º les intérêts des dépôts de sommes d'argent, à vue ou à échéance fixe ; 8º les intérêts des cautionnements en numéraire ; 9º les arrérages des rentes de toute nature, sauf celles qui n'excèdent pas 5 000 francs et ont le caractère alimentaire[1].

98. — Valeurs mobilières émises par les sociétés françaises, les départements, villes et établissements publics français.

[1] Article 16. — Comp. loi du 29 juin 1872, art. 1ʳ et 4.

— Le projet de loi n'innove pas à l'égard de ces valeurs. Elles sont actuellement assujetties, en vertu de la loi du 29 juin 1872, à une taxe de 4 % sur le revenu. L'impôt nouveau sera établi sur les bases et dans les conditions réglées par cette loi, celle du 21 juin 1875 et les lois subséquentes[1].

99. — Valeurs mobilières émises par les sociétés et collectivités étrangères. — Au contraire, le projet de loi soumet les valeurs mobilières émises par les sociétés et collectivités étrangères à un régime entièrement nouveau. Actuellement, ces valeurs sont théoriquement soumises aux mêmes droits que les valeurs françaises, et notamment à l'impôt de 4 % sur le revenu (Lois du 29 juin 1872, du 26 déc. 1890). Mais, au lieu du mode de perception employé pour l'impôt sur les valeurs des sociétés françaises, les lois en vigueur ont institué le régime de l'*abonnement*. Sous ce régime, les sociétés et collectivités étrangères payent une somme annuelle *forfaitaire*, représentant les droits de timbre, de transmission, et la taxe sur le revenu pour ceux de leurs titres qui sont *présumés* circuler en France. En fait, un grand nombre de titres étrangers échappent à l'impôt. D'autre part, on reproche à ce régime d'écarter du marché français les bonnes valeurs étrangères et de favoriser l'introduction des valeurs médiocres. Le projet de loi abroge les dispositions des lois en vigueur accordant ces facilités aux valeurs mobilières étrangères et les soumet au droit commun[2].

100. — Rente sur l'État français. — La rente française ne supporte actuellement aucun impôt[3]. La loi du 9 vendémiaire

[1] Article 20. — Il n'est rien changé non plus (article 20 *in fine*) au droit d'accroissement ni à la taxe sur le revenu des sociétés qui ne distribuent pas leurs produits entre leurs membres, et particulièrement des congrégations religieuses. La législation actuellement en vigueur (lois du 28 déc. 1880, articles 3 et 4, du 29 décembre 1884, article 9, du 26 décembre 1890, article 4, du 25 février 1901, article 20) continuera à régir les sociétés de cette nature.

[2] Article 20.

[3] La rente française échappe actuellement aux droits de timbre, de transmission à titre onéreux, à l'impôt de 4 % sur le revenu. Elle supporte, mais pour un quart seulement, l'impôt sur les opérations de Bourse. — Les mutations par décès et transmissions entre vifs à titre gratuit d'inscriptions sur le Grand Livre sont soumises aux droits établis pour les successions et les donations (Loi du 18 mai 1850).

an 6 la déclare « exonérée de toute *retenue présente ou future* ». Sans entrer dans la discussion que ce texte suscite et qui a été longuement développée à la Chambre, disons seulement que l'on s'accorde, parmi les économistes, à reconnaître que l'Etat a, en général, le droit d'imposer la rente. Sous le régime de la loi nouvelle, la rente française supportera, comme les autres valeurs mobilières, l'impôt de 4 % sur le revenu des capitaux mobiliers; mais elle restera exempte des taxes instituées en remplacement des droits de timbre et de transmission [1].

101. — Fonds d'État étrangers. — Les fonds d'État étrangers échappent actuellement à l'impôt de 4 % sur le revenu ainsi qu'au droit de transmission [2]. Ils acquittent une fois pour toutes un droit de timbre, qui est de 2 % de la valeur nominale des titres depuis la loi du 31 janvier 1907. Sous le régime de la loi nouvelle, les fonds d'État étrangers seront soumis à l'impôt sur le revenu et aux taxes de remplacement des droits de timbre et de transmission, comme les autres valeurs mobilières étrangères. Pourvu qu'ils soient dûment timbrés, ils circuleront, d'ailleurs, librement en France.

102. — Rentes et emprunts des colonies françaises. — Les arrérages et intérêts de ces rentes et emprunts sont aujourd'hui exempts d'impôt par assimilation à la rente sur l'État français, alors que les intérêts des emprunts des villes et des départements français supportent les taxes [3]. Les valeurs coloniales seront, désormais, soumises au droit commun des valeurs mobilières. Certaines colonies (Madagascar, Tunisie, notamment) ont déclaré, lors des emprunts qu'elles ont émis, prendre à leur charge les impôts qui pourraient être établis sur leurs titres. L'entrée en vigueur de l'impôt sur le revenu grèvera naturellement le budget de ces colonies, suivant une observation de M. le député Charles Dumont [4], des sommes nécessaires pour le payement de l'impôt nouveau.

---

[1] V. n° 145, page 51.
[2] On évalue approximativement à 20 milliards le chiffre total des fonds d'Etat étrangers circulant en France (Rapport).
[3] V. ci-dessus, n° 98.
[4] Séance du 24 mars 1908.

103. — Intérêts des prêts. — Les intérêts des prêts constituent actuellement des revenus exemptés de tout impôt. Or, les prêts sur hypothèques représentent, lit-on dans le Rapport, un capital d'environ 14 milliards, et les prêts chirographaires, 4 milliards : ce qui fait, entre les mains des créanciers, un capital de 18 milliards, rapportant au moins 4 % d'intérêts et affranchis de tout impôt[1]. Le projet de loi soumet cette nature de revenus au droit commun des capitaux mobiliers[2].

104. — Toutefois, sont exceptées expressément « les opérations commerciales ne présentant pas le caractère juridique d'un prêt[3] ». Par là échappent à l'impôt les lettres de change, les billets à ordre, les opérations en compte-courant. En ce qui concerne les *avances sur titres* et, en général, toutes les opérations de crédit commercial, l'exemption ne s'applique qu'à celles faites en vue d'actes commerciaux.

105. — Intérêts des dépôts de sommes d'argent. — Le dépôt n'a pas généralement la nature d'un placement; il est plutôt une mesure conservatoire. Mais on a craint qu'une exonération d'impôt n'ouvrît la porte à des fraudes. On a, par suite, soumis les dépôts au régime commun. Les *comptes-courants* seront assujettis à l'impôt, comme tous autres dépôts[4].

106. — Arrérages des rentes viagères et autres. — Le projet exempte de l'impôt de la troisième catégorie les rentes viagères qui n'excèdent pas 5000 francs et qui ont un caractère *alimentaire*. En outre, il laisse de côté les rentes viagères servies par la Caisse nationale des retraites et celles constituées par application des lois sur les accidents du travail. — Il assujettit à l'impôt, au contraire, la rente viagère « qu'un capitaliste se constitue en abandonnant des sommes importantes au détriment de ses héritiers pour bénéficier d'intérêts plus élevés ». — Ce seront, d'ailleurs, les tribunaux civils qui apprécieront, en cas

---

[1] Rapport, page 526.

[2] Toutefois, lit-on dans le Rapport, la perception de l'impôt sur ces intérêts présentant des difficultés particulières, on n'a escompté qu'un faible rendement.

[3] Article 16, 3°.

[4] En ce qui concerne les comptes-courants commerciaux, V. n° 104.

de difficultés, si une rente a ou n'a pas le caractère alimentaire.

107. — Le projet soumet, d'ailleurs, à l'impôt de la 3e catégorie non seulement les rentes viagères, mais les rentes *de toute nature*, notamment celles qui sont constituées sous la réserve qu'elles prendront fin à la majorité du crédirentier.

108. — Les rentes ayant le caractère alimentaire et ne dépassant pas 5000 francs seront assimilées aux pensions servies par l'État ou par les grandes administrations. Elles payeront, par suite, s'il y a lieu, l'impôt auquel sont soumis les revenus de la 6e catégorie [1].

109. — **Revenus de capitaux mobiliers affranchis de l'impôt sur le revenu.** — Certains revenus de capitaux mobiliers seront affranchis de l'impôt sur les revenus de la 3e catégorie [2]. Ce sont : 1o les intérêts des sommes inscrites sur les livrets des caisses d'épargne;

2o Les intérêts des créances hypothécaires ou privilégiées, en représentation desquelles les sociétés ou compagnies autorisées par le Gouvernement à faire des opérations de crédit foncier ont émis des obligations, titres ou valeurs soumis eux-mêmes à l'impôt sur le revenu [3];

3o Les intérêts de rentes, obligations et autres effets publics *émis par l'État français*, qui seront immatriculés au nom : de la Caisse des dépôts et consignations, pour son compte ou pour le compte des caisses dont elle a la gestion; de la Caisse nationale d'épargne; de la Caisse des offrandes nationales; des institutions de retraites reconnues d'utilité publique ou approuvées par l'État [4]; des établissements de bienfaisance publics ou reconnus d'utilité publique; des caisses régionales et locales de crédit agricole et des sociétés d'assurances mutuelles agricoles; enfin des

---

[1] Article 39. V. no 212, page 74.

[2] Article 17.

[3] Les obligations des sociétés de crédit foncier sont soumises à l'impôt sur le revenu des capitaux mobiliers comme toutes valeurs mobilières. Leur revenu aurait donc été frappé deux fois.

[4] Notamment, suivant une observation de M. le député Lemire, les intérêts des fonds de l'Etat immatriculés au nom des caisses de secours mutuels approuvées.

départements et des communes lorsque ces arrérages sont affectés, par la volonté expresse des donateurs ou testateurs, à des œuvres d'assistance.

110. — Exemption totale d'impôt en faveur des petits rentiers. — Sont également affranchis d'impôt pour la totalité les intérêts des rentes, obligations et autres effets publics *émis par l'État français,* immatriculés au nom des contribuables dont le revenu en rentes ne dépasse pas 625 francs, alors que, d'autre part, leur revenu total n'excède pas 1250 francs[1].

111. — Pour obtenir le bénéfice de cette exemption, le contribuable devra, *dans les trois premiers mois* de chaque année, adresser au *contrôleur des contributions directes* de son domicile une demande appuyée des pièces de nature à justifier de ses droits. Toute fausse déclaration donnera lieu à l'application d'une amende de 50 francs à 100 francs, qui pourra être portée au double en cas de récidive[2].

112. — Exemption totale d'impôt en faveur des personnes âgées ou infirmes, des veuves et des orphelins[3]. — Enfin, auront encore droit à une remise totale d'impôt sur la fraction de leur revenu ne dépassant pas 625 francs, à condition que leur revenu total n'excède pas 1250 francs : 1º les personnes qui, par suite de leur âge ou de leur état de santé, se trouvent dans l'impossibilité d'exercer une profession ou de se livrer au travail d'une façon continue; 2º les veuves ayant à leur charge un ou plusieurs enfants âgés de moins de seize ans révolus; 3º les orphelins mineurs.

113. — L'exemption ne s'appliquera, toutefois, qu'aux revenus tirés de valeurs *nominatives* et sur représentation des titres ou des certificats en tenant lieu[4]. Pour en bénéficier, le contri-

---

1 Article 17. — Cette exemption se réfère au minimum d'existence. Elle correspond, pour la 3ᵉ catégorie, à celle consacrée par l'article 13 pour les revenus de la 2ᵉ catégorie. V. la note 2, p. 61. V. aussi l'exemption dont il est parlé aux numéros 112 et suivants.

2 Articles 15 et 18.

3 Article 55. — Cette disposition est générale ; mais, en fait, elle trouvera surtout son application en ce qui concerne les revenus de la 3ᵉ catégorie.

4 Article 56. — On remarquera qu'à la différence de l'exemption prévue au nº 110, il n'est pas nécessaire ici qu'il s'agisse de fonds de l'État français.

buable devra faire *à la mairie* une déclaration annuelle de ses revenus et affirmer que son revenu total n'excède pas 1250 francs.

114. — La remise sera accordée à raison des faits existant au premier janvier de l'année de l'imposition. Elle ne pourra se cumuler avec les autres exemptions, et notamment avec celle dont il est traité aux nᵒˢ 110 et 111, que jusqu'à concurrence d'un dégrèvement total d'impôt de 625 francs de revenu.

115. — **Remboursement de l'impôt perçu sur les revenus des valeurs constituées en nantissement.** — Lorsque des valeurs *nominatives* (mais non des valeurs au porteur[1]) auront été constituées en nantissement de créances, le débiteur pourra obtenir le *remboursement* de l'impôt sur le revenu de ces valeurs, jusqu'à concurrence du montant des droits perçus sur les intérêts de sa dette[2]. Les revenus de ces valeurs étant, en effet, imputés par le créancier sur les intérêts qui lui sont dus (Code civ., art. 2081), l'impôt sur ces revenus serait payé deux fois : par le créancier à raison de sa créance, d'une part, et par le débiteur, comme propriétaire des valeurs, d'autre part.

116. — Pour obtenir le bénéfice de cette disposition, le débiteur devra adresser au contrôleur des contributions directes une demande appuyée des pièces de nature à justifier de ses droits[3].

117. — **Assiette de l'impôt.** — L'impôt sur les revenus de la 3ᵉ catégorie est assis sur le montant *brut* des intérêts, dividendes, arrérages ou produits des valeurs. La question de savoir ce que l'on doit entendre par *montant brut* se pose, notamment, en ce qui concerne les valeurs étrangères. Il ressort, à cet égard, des explications fournies à la Chambre par le président de la commission et le ministre des Finances que, si la valeur étrangère paye déjà un impôt *réel* dans son pays d'ori-

---

[1] Les titres au porteur ont été exclus du bénéfice de cette disposition, parce qu'il eût été facile à un débiteur, a dit le ministre des Finances, de déposer en nantissement en son propre nom des titres au porteur empruntés à un ami, et de bénéficier ainsi indûment du remboursement.

[2] Article 52.

[3] Article 53.

gine, cet impôt devra être déduit avant le calcul de l'impôt français. Spécialement, sur les consolidés anglais possédés par un Français domicilié en France, et à raison desquels le fisc anglais prélève l'*income-tax*, l'impôt français sur le revenu ne devra être appliqué qu'après déduction de l'*income-tax* [1].

118. — Modes de perception de l'impôt. — Le projet de loi prévoit deux modes différents de perception de l'impôt de la 3e catégorie, suivant qu'il s'agit, d'une part, des revenus consistant dans les intérêts de créances, de dépôts ou de cautionnements, ou dans les arrérages de rentes viagères et, d'autre part, de tous les autres revenus de capitaux mobiliers.

119. — Perception de l'impôt sur les intérêts des créances. — Pour les intérêts des créances, des dépôts, des cautionnements, ainsi que pour les arrérages des rentes viagères versées par les particuliers ou par les sociétés non soumises aux vérifications des agents de l'enregistrement, l'impôt sera acquitté par les particuliers eux-mêmes au moyen de l'*apposition de timbres mobiles* [2] sur la quittance ou sur tout autre écrit constatant le payement du revenu.

120. — L'impôt est mis expressément à la charge *exclusive* du *créancier*, nonobstant toute clause contraire, même antérieure à la promulgation de la loi établissant l'impôt sur le revenu [3]. Mais, d'autre part, afin d'intéresser le débiteur au payement de l'impôt, le projet le déclare tenu de ce payement *solidairement* avec le créancier. Enfin, la non-apposition des timbres fiscaux ou l'apposition de timbres insuffisants entraîneront, à la charge du créancier et du débiteur, une *amende* de 50 francs chacun, indépendamment du payement par le créancier d'une *cotisation* égale au quintuple des droits fraudés.

[1] Déclaration du ministre des Finances, séance du 2 juin 1908.

[2] Article 21. — Des timbres mobiles spéciaux seront créés à cet effet.

[3] « Déjà, lit-on dans le Rapport, beaucoup de créanciers, prévoyant l'établissement de l'impôt sur le revenu, ont inséré dans leurs contrats la clause que les impôts futurs retomberont sur le débiteur seul ». La disposition dont il s'agit ici a pour but de rendre vaine cette manœuvre. L'article 99 du projet de loi déclare également que les stipulations de cette nature devront être tenues pour non écrites. V. n° 32, page 12.

121. — **Perception de l'impôt sur le revenu des valeurs mobilières françaises.** — Sur les revenus des valeurs mobilières françaises, quelle qu'en soit la nature (actions et obligations des sociétés, titres d'emprunts des villes, des colonies et des établissements publics, etc.), l'impôt de la 3e catégorie sera perçu sur les mêmes bases et dans les mêmes conditions que l'impôt actuel de 4 % sur le revenu des valeurs mobilières[1]. Autrement dit, l'impôt sera *avancé* au Trésor par les sociétés, compagnies, entreprises, villes, départements, colonies ou établissements publics[2]. Il sera ensuite perçu *par voie de retenue* au moment du payement du coupon par les personnes chargées de ce payement.

122. — La rente sur l'État français sera, à cet égard, soumise au même régime que les autres valeurs mobilières françaises. L'impôt sera retenu par les agents du fisc au moment du payement des coupons[2].

123. — **Perception de l'impôt sur le revenu des valeurs étrangères.** — L'impôt sera également perçu par voie de retenue au payement du coupon, en ce qui concerne les revenus des actions, obligations, titres d'emprunts des sociétés, corporations, villes, provinces étrangères, ainsi que pour les titres de rente des États étrangers. La retenue sera effectuée, en ce qui les concerne, par la personne (banquier, escompteur, changeur, etc.), qui effectuera, en France, le payement des coupons[3].

124. — Il est interdit à ces personnes, ainsi qu'aux huissiers, agents de change, receveurs de rentes, de recueillir, encaisser,

[1] Article 20.

[2] Dans le projet du Gouvernement l'impôt sur la rente française était perçu suivant un mode particulier : il devait être réclamé aux contribuables au moyen de *rôles*. On voulait montrer ainsi « qu'on n'imposait pas spécialement la rente, mais qu'on se bornait à assimiler les rentiers aux autres capitalistes » (Rapport). La Commission a estimé qu'il n'y avait pas lieu d'instituer ici une procédure spéciale, d'ailleurs compliquée, et la Rente a été soumise au droit commun des autres valeurs françaises.

[3] Article 22. — L'impôt devra être *avancé* par le banquier au Trésor, lorsque, par suite de contrats existants, l'impôt sera à la charge de l'émetteur du titre. Dans ce cas, le coupon sera payé intégralement, et sans retenue, aux particuliers. Le banquier se fera rembourser son avance par la société ou son représentant en France.

payer, acheter ou négocier des coupons, chèques ou instruments de crédit créés pour le payement des arrérages, intérêts ou autres produits[1], sans opérer immédiatement la retenue de l'impôt ou sans en faire l'avance, à moins qu'il ne leur soit justifié que cette retenue ou cette avance a déjà été effectuée par un précédent intermédiaire soumis aux prescriptions de la loi (V. les nᵒˢ suivants).

125. — Obligations imposées aux personnes faisant profession de payer des coupons. — Pour assurer l'exacte retenue de l'impôt sur les revenus des valeurs étrangères, une surveillance étroite est organisée par le projet de loi sur toutes les personnes faisant profession ou commerce habituel de recueillir, encaisser, payer ou acheter des coupons, chèques ou autres instruments de crédit créés pour le payement des dividendes, intérêts, arrérages ou produits quelconques de titres ou valeurs.

126. — Ces personnes seront astreintes à cet effet : 1ᵒ à faire une *déclaration préalable* de leur profession au bureau de l'enregistrement de leur résidence. Le fait de se livrer, même accidentellement, à des opérations de vente, d'achat ou de payement de coupons, sans avoir fait cette déclaration, tombera sous les peines énoncées au nᵒ 131 [2].

127. — 2ᵒ A tenir une *comptabilité spéciale*, consistant essentiellement dans l'inscription de toutes les opérations faites par elles sur un registre[3] coté et paraphé, qui devra être conservé pendant deux ans et présenté à toute réquisition des agents de l'enregistrement[4].

---

[1] Article 23. — En parlant des « chèques ou autres instruments de crédit », le projet de loi ne vise que ceux « portant dans leur contexte même l'indication qu'ils ont pour objet le payement de dividendes ou d'intérêts ». Aucune entrave n'est apportée à la libre circulation des chèques et effets de commerce ne portant pas ces signes extérieurs (Rapport).

[2] Article 23.

[3] Le projet de loi prévoit, en réalité, la tenue de *deux* registres, dont l'un sera réservé aux opérations ayant donné lieu à une retenue directe et effective ou à l'avance de l'impôt par le banquier (opérations avec les particuliers); le second, aux négociations de coupons, chèques ou autres instruments de crédit sur lesquels l'impôt aura déjà été prélevé ou avancé par un précédent intermédiaire (opérations avec les banquiers correspondants).

[4] Article 26. — Les agents de l'enregistrement vérifieront et viseront périodiquement les registres et encaisseront l'impôt. — Cette comptabilité

128. — 3° A joindre, lors de toute négociation de coupons sur lesquels l'impôt aura été retenu, et à l'appui de la transmission, un *bordereau* daté et signé, indiquant le nombre, la nature et la valeur des coupons à négocier ou encaisser, le montant de l'impôt retenu ou avancé, la désignation de la personne qui a opéré cette retenue, la date de cette dernière et le numéro du registre sous lequel l'impôt a été pris en charge[1].

129. — **Indemnité aux intermédiaires chargés de retenir l'impôt.** — Les banquiers, changeurs, escompteurs et généralement toutes les personnes faisant profession d'acheter ou de vendre des coupons pourront obtenir, pour les indemniser des frais que leur occasionneront les obligations nouvelles auxquelles elles seront assujetties (tenue de registres, rédaction de bordereaux, encaissement de l'impôt, etc.), l'allocation de *remises* pouvant atteindre 1 °/₀ du montant total de l'impôt prélevé ou avancé par elles sur le revenu des valeurs mobilières étrangères[2].

130. — **Formalités à remplir par les particuliers pour toucher les coupons.** — Toute personne qui demandera en France le payement de coupons, chèques ou autres instruments de crédit créés pour le payement des dividendes ou intérêts de valeurs étrangères devra déposer, en même temps que sa demande et à son appui, un *bordereau*[3] daté, mentionnant le

---

constitue, d'ailleurs, lit-on dans le Rapport, une simple mesure d'ordre, sans caractère inquisitorial. Elle n'a pas et ne peut avoir pour objet de porter à la connaissance de l'administration le nom des propriétaires de coupons. V., au surplus, la note 1, page 46.

[1] Article 25. — Les mesures prises à l'égard des personnes faisant profession de payer des coupons ne constituent pas, a fait observer le Rapporteur, une innovation. « Déjà, en vertu des lois actuelles, des mesures analogues existent dans les établissements de crédit. Les agents de l'administration ont droit d'y pénétrer, de s'y faire représenter les livres et pièces de comptabilité, titres de recettes et de dépenses, etc. » (Rapport.)

[2] Article 26.

[3] Ce bordereau ne doit pas être confondu avec celui dont il est parlé au n° 128. En résumé : 1° tout payement de coupons à un particulier donnera lieu à la rédaction d'un bordereau détaillé rédigé par ce particulier, restant chez le payeur, conservé par lui pendant deux ans, et devant être représenté aux agents de l'enregistrement ; 2° tout envoi de coupons de banquier à banquier sera accompagné d'un nouveau bordereau restant chez le réceptionnaire. — L'exposé des motifs fait remarquer que l'établissement d'un bordereau par les particuliers, lors de la présentation de leurs coupons à l'encaissement, ne constitue pas une innovation, et qu'un certain nombre d'établissements financiers ne payent déjà actuellement les coupons que sur bordereaux dressés par leurs soins ou par les particuliers.

nombre, la nature et la valeur des coupons à payer. — Sur ce bordereau, celui qui effectuera le payement inscrira immédiatement le montant de l'impôt qu'il aura retenu (ou avancé) et le numéro du registre sous lequel il aura pris en charge cet impôt[1]. Le bordereau restera aux mains du payeur, mais l'intéressé pourra en réclamer un récépissé, s'il désire conserver la preuve que les coupons lui appartenant ont supporté l'impôt conformément à la loi.

131. — **Pénalités concernant la perception de l'impôt sur les revenus des valeurs étrangères.** — Des pénalités sont instituées spécialement pour prévenir et réprimer les fraudes dans la perception de l'impôt sur les valeurs étrangères : 1º les contraventions à l'obligation, pour les personnes faisant profession ou commerce habituel de recueillir et payer des coupons, d'en faire la déclaration au bureau de l'enregistrement, et à l'obligation de faire la retenue ou l'avance de l'impôt lors de toute opération, seront constatées, en toute circonstance, au moyen de procès-verbaux dressés par les agents de l'enregistrement, les officiers de police judiciaire, les agents de la force publique, ceux des contributions directes, des contributions indirectes et des douanes[2]. — La poursuite aura lieu devant le tribunal correctionnel, et la peine sera d'une *amende* de 100 à 1 000 francs, indépendamment du *quintuple droit* sur les coupons payés sans retenue. En cas de *récidive* pour la troisième fois, les contrevenants seront passibles d'un emprisonnement de huit jours à six mois.

132. — 2º Les contraventions à l'obligation, pour les banquiers et autres personnes faisant profession de payer des coupons, de tenir les registres spéciaux prévus par le projet de loi et de dresser un bordereau de chaque opération, et à l'obli-

---

[1] Article 24. — On remarquera que le bordereau n'indique pas le nom du *porteur* des coupons. « Ainsi, lit-on dans le Rapport, il n'est pas une mesure d'inquisition contre les particuliers... D'ailleurs, les banquiers ne pouvant être juges de l'identité des personnes, une prescription de ce genre serait restée sans effet ».

[2] Article 28. — Cette énumération est empruntée aux lois actuelles sur le timbre et l'enregistrement. Elle comprenait, en outre, dans le projet du Gouvernement, les agents des postes. La commission a rejeté cette mention pour bien montrer « qu'en aucun cas le secret des correspondances ne pourra être violé ».

gation pour toute personne qui demandera le payement de coupons de déposer un bordereau à l'appui de sa demande, seront constatées et poursuivies comme en matière d'impôt sur les opérations de bourse et punies d'une amende de 100 à 10000 francs, avec emprisonnement à la troisième récidive[1].

133. — Déclaration par les propriétaires ou usufruitiers de valeurs étrangères des intérêts touchés à l'étranger. — Le projet de loi ne supprime pas le droit, pour les propriétaires ou usufruitiers de valeurs étrangères domiciliés en France, de toucher à l'étranger, directement ou par un intermédiaire, les intérêts ou dividendes de ces valeurs. Mais les personnes qui recevront ou encaisseront des intérêts ou dividendes à l'étranger devront, dans les *trois premiers mois* de l'année, déclarer au bureau de l'enregistrement le montant total de ces revenus encaissés au cours de l'année précédente et acquitter en même temps la taxe sur ce total[2].

134. — Par mesure de simplification, pour les personnes assujetties à l'impôt complémentaire (c'est-à-dire les personnes ayant plus de 5000 francs de revenu total), la déclaration des revenus de la troisième catégorie encaissés à l'étranger pourra être faite sur la formule prescrite pour la déclaration relative à l'impôt complémentaire[3].

135. — Sanctions relatives à l'obligation de déclarer les revenus touchés à l'étranger. — La possibilité, pour les titulaires de revenus de capitaux mobiliers, de pouvoir les toucher à l'étranger constitue, comme on l'a dit, la grande *fissure* ouverte à la fraude sous le régime de l'impôt sur le revenu. Pour

---

[1] Article 28. — Ces contraventions seront, par suite, constatées par un procès-verbal des agents ayant qualité pour verbaliser en matière de timbre ; le recouvrement des amendes sera poursuivi par voie de contrainte et les instances seront instruites et jugées selon les règles établies par les lois sur l'enregistrement (V. ci-dessous, n°s 137 et s.).

[2] Il s'agit ici d'une mesure destinée à atteindre les personnes qui échapperaient au réseau de surveillance organisé par le projet de loi sur les banques françaises, en allant toucher leurs coupons à l'étranger ou en les recevant d'intermédiaires qui les auraient touchés pour elles à l'étranger. Ces derniers tombent, d'ailleurs, eux-mêmes sous l'obligation d'une déclaration lorsqu'ils en font profession. V. n° 126.

[3] V. note 2, p. 88.

prévenir la fraude dans la mesure du possible, le projet de loi édicte des sanctions sévères qui seront prononcées lorsque l'administration aura eu connaissance d'une infraction [1].

136. — Le contrevenant aura, dans ce cas, à supporter : 1º une *amende* égale à la *moitié* des revenus encaissés à l'étranger et non déclarés ; 2º une *cotisation* égale au *triple* des sommes dont le Trésor aura été privé pour chacune des années antérieures à celle où la dissimulation sera découverte, sans toutefois que le droit de répétition puisse s'étendre à plus de *dix années* [2].

137. — **Recouvrement de l'impôt.** — **Jugement des contestations.** — Le recouvrement de l'impôt sur les revenus des capitaux mobiliers sera assuré comme en matière d'enregistrement. De même, en cas de contestations, les instances seront introduites et jugées comme en cette matière [3]. Par suite, les tribunaux compétents pour connaître de ces contestations seront les tribunaux civils d'arrondissement, jugeant en premier et dernier ressort. Le premier acte de la poursuite sera une *contrainte* signifiée au débiteur par l'administration et exécutoire par pro-

---

[1] Article 27. — Les moyens dont l'administration pourra se servir pour parvenir à découvrir les dissimulations ne pourront être que des moyens *légaux*. Notamment, le ministre des Finances a protesté « qu'il ne saurait s'agir de violer le secret des correspondances postales ». — « D'ailleurs, a-t-il ajouté, ce sont les tribunaux ordinaires qui statueront en cas de contravention ; il faudra, par conséquent, que l'administration apporte devant les tribunaux les moyens de preuve admis par le droit commun ». (Séance du 2 juin 1908.) — Le texte de la commission portait : « Lorsque l'administration, *par un moyen quelconque...* ». Ces mots ont été supprimés lors de la discussion à la Chambre.

[2] Article 27. — Soit, pour un revenu dissimulé de 100 francs, une amende de 50 francs, et une cotisation de 12 francs : au total, 62 francs par année de dissimulation et 620 francs pour dix années. — La répétition des droits pendant dix ans se justifie, lit-on dans le Rapport, par la raison que les fraudes ne seront généralement découvertes que tardivement, à l'occasion des déclarations de successions. — A M. Aynard, qui déclarait ces sanctions exceptionnelles, M. le ministre des Finances a répondu qu'en cas de dissimulation de prix en matière de ventes d'immeubles, l'amende s'élève au quart de la somme dissimulée. (Loi du 23 août 1871, art. 12.)

[3] Article 29. — Exception est faite de la procédure à suivre en ce qui concerne les contraventions commises par les personnes faisant profession de payer des coupons, à l'obligation de faire une déclaration, etc. (V. ci-dessus nº 126.)

vision, sauf le cas d'opposition formée par le redevable avec assignation devant le tribunal.

138. — L'instruction se fera par *mémoires* respectivement signifiés. Le jugement sera rendu dans les trois mois au plus tard de l'introduction de l'instance, en audience publique [1], sur rapport d'un juge, après audition du ministère public. Le recours en cassation sera seul ouvert à la partie perdante [2].

139. — **Prescription applicable au recouvrement de l'impôt de la 3e catégorie.** — L'action du Trésor en recouvrement de l'impôt, et celle des contribuables en restitution de trop-payé seront soumises à la prescription de *cinq ans,* sauf en ce qui concerne la non-déclaration de coupons encaissés à l'étranger, à laquelle la prescription de dix-ans sera seule applicable [3].

140. — **Modifications au régime des droits de timbre et de transmission sur les valeurs mobilières françaises et étrangères.** — Le projet de loi d'impôt sur le revenu apporte d'importantes modifications au régime des droits de timbre et de transmission qui frappent actuellement les valeurs mobilières, et auquel on a pu reprocher d'être « à la fois confus, disparate et incomplet [4] ». Pour l'exposition de ces modifications, il y a lieu de distinguer les valeurs mobilières françaises et les valeurs mobilières étrangères.

141. — **Suppression du droit de timbre sur les valeurs mobilières françaises et taxe de remplacement.** — Le droit

[1] Il existera, à cet égard, une différence notable entre le jugement des réclamations élevées relativement à l'impôt de la 3e catégorie et le jugement des contestations concernant les impôts des autres catégories et l'impôt complémentaire. Ces dernières, aux termes des articles 4 et 77, devront être jugées en audience non publique. (V. n° 36, page 14.)

[2] V. *Dictionnaire pratique de Droit*, v° *Enregistrement*, n°³ 162 et s.; *Petit Dictionnaire de Droit*, eod. v°, n°³ 59 et s.

[3] Articles 27 et 29.

[4] « Le projet de loi, lit-on dans le Rapport, pouvait se dispenser de traiter des droits de timbre et de transmission ; mais le régime actuel des valeurs mobilières, tant françaises qu'étrangères, étant à la fois confus, disparate et incomplet, il était légitime et naturel de profiter des innovations introduites en matière d'impôt sur le revenu des valeurs mobilières, pour refondre l'ensemble de la législation relative à ces valeurs et y apporter plus de logique et de justice ».

de *timbre proportionnel*, établi par la loi du 5 juin 1850 sur les actions et obligations de sociétés, départements, communes ou établissements publics français, et qui est assis sur le *capital nominal* des titres, est supprimé[1]. En remplacement de ce droit, il est établi[2] un droit de *deux francs par cent francs* sur les *revenus*, dividendes, intérêts, arrérages, bénéfices annuels et tous autres produits des actions, parts de fondateur, obligations, parts d'intérêts, commandites et emprunts de toute nature des sociétés françaises, des départements, communes et établissements publics français. Ce droit sera perçu également sur les intérêts et arrérages des titres de rente, emprunts et autres effets publics des *colonies* françaises.

142. — Le droit de 2 %, institué en remplacement du droit de timbre proportionnel, est mis expressément par le projet *à la charge exclusive* des sociétés, départements, colonies, etc.

143. — **Suppression du droit de transmission sur les valeurs françaises au porteur et taxe de remplacement.** — Le droit annuel de transmission (0 f. 20 %), auquel sont assujetties les mutations entre vifs à titre onéreux de titres *au porteur* d'actions et d'obligations de valeurs mobilières françaises, et qui est assis sur le capital, évalué par le cours moyen, est supprimé[3]. — En remplacement de ce droit, il est créé un droit de 6 francs par 100 francs sur *les revenus* et tous autres produits de ces titres. Ce droit sera *avancé*, sauf leur recours, par les sociétés et collectivités. Il sera liquidé et perçu dans les mêmes conditions et sur les mêmes bases que l'impôt actuel sur le revenu des valeurs mobilières[4].

144. — **Maintien du droit de transmission pour les valeurs françaises nominatives. — Extension de ce droit aux titres des colonies françaises.** — A la différence des titres de valeurs

---

[1] Article 78.
[2] Article 79.
[3] Article 78.
[4] Notamment, le payement du droit aura lieu au bureau de l'Enregistrement du siège social ou administratif, en quatre termes égaux pour les actions, obligations, emprunts, parts d'intérêts, commandites; en une fois et dans les vingt jours du payement, pour les lots et primes de remboursement. V. *Dictionnaire pratique de Droit*, v° *Valeurs mobilières*, n° 67 et s.

françaises au porteur, les titres nominatifs d'actions ou d'obligations des sociétés, départements, communes ou établissements publics français demeureront soumis au droit de transmission actuellement existant [1]. — Les titres nominatifs des rentes, emprunts et autres effets publics des colonies françaises, qui ne sont pas actuellement soumis audit droit de transmission, le supporteront dorénavant [2].

145. — Les taxes de remplacement ne s'appliquent pas à la rente française. — Les taxes instituées par le projet de loi en remplacement des droits de timbre et de transmission ne sont pas applicables à la rente française. Celle-ci ne supportera que l'impôt de 4 % sur le revenu [3].

146. — Suppression du droit de timbre par abonnement et du droit annuel de transmission sur les valeurs étrangères. — Le droit de timbre par abonnement et le droit annuel de transmission auxquels sont actuellement assujettis les actions, obligations, titres d'emprunts des sociétés, villes, provinces et établissements publics étrangers, sont supprimés [4]. En remplacement de ces droits, il est institué :

[1] Ce droit est aujourd'hui de 0,75 % de la valeur négociée. (Loi du 26 décembre 1908.)

[2] On peut établir, comme il suit, le tableau des impôts et droits qui frapperont, sous le régime de la loi nouvelle, le revenu des valeurs françaises autres que la rente sur l'Etat :

	AU PORTEUR	NOMINATIVES
Impôt sur le revenu......................	4 %	4 %
Taxe de remplacement du droit de timbre....	2 %	2 %
Taxe de remplacement du droit de transmission	6 %	»
Total..............	12 %	6 %

La taxe de remplacement du droit de timbre étant à la charge des établissements débiteurs, les particuliers ne supporteront que 10 % d'impôt sur le revenu des valeurs au porteur et 4 % sur le revenu des valeurs nominatives, outre, pour ces dernières, le droit de transmission en cas de cession.

[3] Rapport.

[4] Il en est ainsi, du moins, pour les sociétés qui introduiront leurs titres en France après la promulgation de la loi. L'abonnement est maintenu, sous certaines conditions, pour les sociétés actuellement abonnées. Il faut pour cela que ces sociétés supportent les trois taxes actuelles par abonnement depuis plus de deux ans, d'après une quotité imposable fixée, en moyenne, aux six dixièmes au moins des titres abonnés d'un même type, et qu'elles

1º un droit de *timbre au comptant*[1] de 2 francs par 100 francs, sans décimes, du capital nominal, ou de la valeur négociable si celle-ci est supérieure au capital nominal[2] ; ce droit sera payé, une fois pour toutes, lors de l'introduction des titres en France et avant leur remise aux preneurs[3] ;

147. — 2º Une *taxe supplémentaire* annuelle de 1 pour cent *sur le revenu* de ces mêmes titres, laquelle s'ajoutera à l'impôt de catégorie et sera perçue sur les mêmes bases et dans les mêmes conditions. *Par suite, pour les valeurs étrangères, le taux de l'impôt général sur les revenus sera de 5 %.*

148. — **Soumission des effets publics étrangers aux impôts nouveaux.** — Les droits ci-dessus énumérés (droit de timbre au comptant et taxe supplémentaire sur le revenu) sont déclarés applicables aux titres de rente, emprunts et autres effets publics des gouvernements étrangers[4]. Il va de soi que les fonds

en fassent la demande dans les neuf mois de la promulgation de la loi (article 86). Les autres sociétés actuellement abonnées, soit qu'elles acquittent les taxes sur une trop faible quantité de titres, soit qu'elles ne veuillent pas rester abonnées, devront payer le droit de timbre au comptant. Dans ce cas, le droit sera réduit à 1 fr. 50 %, s'il est acquitté dans l'année qui suivra une notification faite par l'administration. Les sociétés, actuellement abonnées, qui renonceront à l'abonnement ou ne pourront en bénéficier, devront prendre *à leur charge* le droit de timbre afférent à leurs titres circulant en France (article 86).

[1] Toutefois, ne seront pas soumis à ce droit les titres qui auront été déjà timbrés, conformément aux lois actuelles. Le droit sera, d'autre part, réduit à 1 fr. 50 pour les titres qui, au 1ᵉʳ janvier 1910, acquitteront le droit de timbre par abonnement, à condition que ces titres soient soumis à la formalité dans les neuf mois qui suivront la mise en vigueur de la loi nouvelle.

[2] Le droit de timbre, pour les valeurs cotées au marché officiel, dont le cours moyen, pendant l'année précédente, sera tombé *au-dessous des trois quarts du pair*, se percevra sur la *valeur négociable* déterminée par le cours moyen (article 82).

[3] Article 84. — La négociation, l'énonciation dans un acte public ou sous seing privé, notamment dans un *récépissé de dépôt* en vue de la garde des titres, le remboursement et le transfert des valeurs étrangères ne pourront être effectués en France, lorsque ces titres n'auront pas acquitté le droit de timbre au comptant, ou n'auront pas été maintenus sous le régime de l'abonnement. Exception est faite, toutefois, en ce qui concerne les récépissés de dépôts faits par des personnes non domiciliées en France, à la condition que le récépissé indique la nationalité et le domicile du déposant (article 85).

[4] Article 81. — Le ministre des Finances a déclaré que la taxe supplémentaire de 1 % sur le revenu serait appliquée aux fonds d'État déjà en circulation, de même qu'à ceux qui seront émis dans l'avenir.

étrangers qui auraient déjà acquitté le droit de timbre au comptant ne seront pas assujettis une seconde fois au payement de ce droit.

149. — Contrôle exercé sur les banques et sociétés de crédit. — Les sociétés de crédit *françaises* qui possèdent des établissements à l'étranger, et les sociétés *étrangères* établies en France devront tenir, au siège principal de la société en France, des *répertoires* où seront mentionnés les dépôts de titres ou de sommes à vue effectués et les comptes-courants ouverts *dans leurs établissements à l'étranger* au nom de personnes domiciliées en France. Ces répertoires seront tenus à la disposition des préposés de l'Enregistrement[1].

150. — En outre, tous banquiers français et toutes sociétés de crédit françaises, tous banquiers étrangers et toutes sociétés de crédit étrangères établis en France, devront tenir, dans chacun de leurs établissements, un répertoire où seront inscrits tous *envois de titres ou coupons* que des personnes résidant en France adresseront à l'étranger[2], pour y être déposés ou encaissés chez un banquier ou dans un établissement de crédit. Ce répertoire sera également tenu à la disposition des préposés de l'Enregistrement[3].

---

[1] Article 88.

[2] Le projet comportait primitivement l'obligation d'inscrire au répertoire les envois *de fonds* à l'étranger. La commission a supprimé cette obligation. Ces envois sont, en effet, des opérations journalières dont l'enregistrement pourrait occasionner une gène sérieuse aux établissements financiers (Rapport).

[3] Article 89. — Les dispositions des articles 88 et 89 organisent plus spécialement ce que l'on a appelé « *l'inquisition fiscale* ». « Elles sont, a dit le ministre des Finances, l'une des pierres angulaires du système. On ne peut faire, a-t-il ajouté, un impôt sur le revenu atteignant les valeurs mobilières sans contrôler les banques et les sociétés de crédit ». D'ailleurs, en ce qui concerne les sociétés de crédit françaises, l'administration possède déjà un droit d'investigation sur leur comptabilité. Ce droit est étendu à leurs succursales étrangères. Pour compléter les mesures prises dans ces articles, le Gouvernement a entrepris des démarches auprès des Gouvernements étrangers, dans le but de conclure avec eux des accords internationaux, en vertu desquels les Gouvernements se communiqueraient les renseignements qu'ils possèdent sur les dépôts de titres, les payements de coupons, etc., effectués sur leur territoire par les sujets des autres Etats contractants.

151. — Enfin, tous banquiers, escompteurs, changeurs, agents de change, huissiers, receveurs de rentes, et, d'une façon générale, tous ceux qui font profession ou commerce habituel de recueillir, encaisser, payer ou acheter des coupons, chèques ou autres instruments de crédit créés pour le payement des dividendes et intérêts, seront soumis aux investigations des agents de l'Enregistrement, lesquels pourront examiner, au point de vue de l'application de la loi sur l'impôt sur le revenu, leurs livres, registres, titres et pièces de comptabilité [1]. Ce même droit appartiendra aux fonctionnaires de l'Inspection des finances [2].

[1] Il n'est pas sans intérêt de reproduire ici une question posée par M. Jules Delafosse au ministre des Finances: « Entendez-vous, a dit M. J. Delafosse, contrôler le contenu des coffres-forts mis par les sociétés de crédit à la disposition du public ? — La législation actuelle s'y oppose absolument, a répondu le ministre. Le fisc n'a pas chez nous le pouvoir de rechercher ce qu'un particulier a déposé dans le coffre-fort qu'il a loué dans une société de crédit » (Séance du 9 février 1909). La question se pose, notamment, en ce qui concerne le dépôt dans les coffres-forts de titres non timbrés. Le ministre des Finances a laissé entrevoir que le fisc serait mieux armé à l'avenir.

[2] Article 90. — La disposition de cet article a soulevé, à la Chambre, de vives protestations. Le ministre des Finances a répondu qu'elle ne fait qu'étendre aux banquiers, changeurs, escompteurs, un état de choses existant dans la législation actuelle en ce qui concerne les sociétés d'assurances (lois du 5 juin 1850 et du 21 juin 1875), les entreprises de transports (décret du 13 août 1810, loi du 23 août 1871) et les sociétés par actions (lois du 5 juin 1850 et du 23 août 1871). V. *Dictionnaire pratique de Droit*, v° *Enregistrement*, n° 142.

CHAPITRE V

IMPOT DE 3,50 0/0 SUR LES BÉNÉFICES
DES PROFESSIONS INDUSTRIELLES ET COMMERCIALES
ET DES CHARGES ET OFFICES

152. — Sont imposables dans la 4e catégorie les bénéfices des professions commerciales et industrielles, actuellement soumises à la patente ainsi que ceux des charges et des offices (courtiers, commissaires-priseurs, notaires, avoués, etc.).

153. — Assiette de l'impôt. — L'impôt de la 4e catégorie est assis sur le *revenu moyen* obtenu par le contribuable pendant les *trois* années précédentes. A l'égard des établissements ayant moins de trois ans d'existence, le revenu moyen est calculé en tenant compte des résultats obtenus depuis l'ouverture de l'établissement [1].

154. — Calcul du revenu imposable. — Déduction des dépenses et amortissements. — Le revenu moyen imposable est constitué par *l'excédent des recettes brutes sur les dépenses et amortissements* inhérents à l'exercice de la profession.

155. — La valeur locative des locaux affectés à l'exploitation du commerce ou de l'industrie est, dans tous les cas, déduite des recettes brutes. Cette déduction est effectuée, sans qu'il y

---

[1] Article 30. — « On a choisi comme base de l'impôt le revenu de *trois* années, parce qu'il n'eût pas été juste de prendre comme base une seule année. D'un autre côté, si l'on avait admis un trop grand nombre d'années, cinq, par exemple, comme le demandait **M. Magniaudé**, on se trouverait en présence de faits tellement différents, que la moyenne qu'ils concourraient à former se trouverait faussée » (Déclaration du ministre des Finances, séance du 29 juin 1908).

ait lieu de distinguer suivant que le contribuable est propriétaire ou seulement locataire de l'immeuble [1].

156. — Le projet de loi n'énumère pas les autres « dépenses inhérentes à l'exercice de la profession ». Une telle énumération aurait été nécessairement incomplète. Ces dépenses comprennent, notamment, les dépenses d'éclairage, de chauffage, d'achat des matières premières, d'assurance.

157. — Les *intérêts des emprunts* contractés dans l'intérêt de l'entreprise industrielle ou commerciale devront aussi être déduits [2]. Ces intérêts payeront, d'ailleurs, l'impôt au titre de la 3e catégorie [3].

158. — En ce qui concerne les *salaires*, on déduira naturellement ceux des ouvriers et employés [4]; on déduira aussi ceux de la femme ou des enfants du chef d'industrie, « toutes les fois qu'un emploi véritable sera effectivement occupé par eux, alors qu'à leur défaut il devrait être occupé par une autre personne ». (Déclaration du ministre des Finances, séance du 29 juin 1908).

159. — Les appointements que s'attribue le chef d'industrie lui-même ne devront pas, au contraire, être déduits, par la raison qu'il est impossible d'évaluer le prix de son travail [5]. D'ailleurs, on remarquera que l'impôt de cette catégorie est au taux de 3,50 %, intermédiaire entre les taux applicables aux revenus du capital (4 %) et aux revenus du travail (3 %), précisément parce qu'il s'applique aux revenus produits par la collaboration du capital et du travail. Cette collaboration se réalise dans la personne même du chef d'industrie.

160. — Devront aussi être déduits les versements faits par le chef d'établissement, en dehors des obligations imposées par la loi, pour participation à des caisses d'école, orphelinats, hos-

[1] Article 30. — Les locaux où s'exerce l'industrie ou le commerce sont déjà imposés, en effet, à la 2e catégorie, et peu importe, au point de vue de l'impôt, que celui-ci soit payé par l'industriel ou le commerçant propriétaire, ou par un tiers dont l'industriel n'est que le locataire. V., au surplus, la séance de la Chambre du 26 juin 1908.

[2] Art. 52.

[3] V. n° 103, page 38.

[4] Les salaires payent l'impôt dans la 6e catégorie. V. n°' 203 et suiv.

[5] M. le député Louis Vigouroux, séance du 29 juin 1908.

pices et, en général, pour secours, indemnités, gratifications aux ouvriers ou employés. Toutefois, certaines distinctions devront être faites à cet égard : on exigera que ces versements aient le caractère d'un *complément de salaire* (Déclaration du ministre des Finances, séance du 29 juin 1908).

161. — Beaucoup de petits patrons nourrissent leurs ouvriers. La *nourriture* donnée dans ces conditions constitue un salaire et devra être déduite.

162. — Enfin, les « *amortissements* inhérents à l'exercice de la profession » sont ceux qui représentent l'*usure* et le *renouvellement obligé du matériel* « dans les conditions techniques de l'industrie ou du commerce considéré ».

163. — **Mode d'évaluation de la matière imposable.** — Le mode d'évaluation adopté pour l'impôt de la 4ᵉ catégorie est la *déclaration* du contribuable *contrôlée* par l'administration[1]. Chaque année, les contribuables seront invités, par voie d'affiches[2], à déclarer au contrôleur des contributions directes le montant de leur revenu moyen.

164. — **Recouvrement de l'impôt.** — Une distinction doit être faite, au point de vue du recouvrement de l'impôt, entre les contribuables ayant plus de 5000 francs de revenu total (assujettis, par suite, à l'impôt complémentaire) et les contribuables dont le revenu total ne dépasse pas 5000 francs[3].

---

[1] La méthode d'évaluation de l'impôt de la 4ᵉ catégorie a été profondément modifiée lors de la discussion à la Chambre. Dans le projet du Gouvernement et dans celui de la Commission, l'impôt de la 4ᵉ catégorie comportait la *taxation d'office* avec déclaration facultative pour le contribuable. La taxation d'office reposait sur l'appréciation de la *productivité* de l'établissement industriel ou commercial. La productivité était représentée par « le chiffre qui, dans des conditions normales d'exploitation, et sous déduction des frais généraux, peut être pris comme revenu moyen de l'établissement ». — Ce système, directement inspiré du système fiscal alsacien-lorrain, se rattachait également, comme on l'a remarqué, à l'évaluation par les *signes extérieurs*. (Sur les trois systèmes d'évaluation, V. nᵒˢ 25 et suiv., p. 11). — Il a été abandonné par le Gouvernement et la Commission à la suite de la prise en considération par la Chambre des amendements de MM. Malvy, Gentil et Jaurès (Séances des 18 et 22 juin 1908).

[2] Et, pour les contribuables jouissant d'un revenu total supérieur à 5000 fr., par un avis spécial sous pli recommandé (V. nᵒ 165).

[3] Article 30. — Il y a en France, a dit le ministre des Finances, 1 800 000 patentables, sur lesquels 200 000 seulement ont un revenu supérieur à 5000 fr. (1ʳᵉ séance du 30 juin 1908).

165. — 1° *Contribuables ayant plus de 5000 francs de revenu total.* — Pour ces contribuables, la déclaration est *obligatoire*. Ils seront invités à la faire non seulement par voie d'affiches, mais encore par un *avis spécial* envoyé sous pli recommandé et rappelant le délai dans lequel la déclaration devra être produite. Dès lors, trois situations peuvent se présenter :

166. — *a*) Le contribuable fait sa déclaration et elle est jugée acceptable par le contrôleur : elle fixe, sans difficulté, la base de l'imposition.

167. — *b*) Le contribuable fait sa déclaration, mais le contrôleur, s'aidant des renseignements qu'il possède, la juge inexacte. Il invite le contribuable à rectifier sa déclaration dans un délai de *vingt jours*. Si, passé ce délai, un accord n'a pu s'établir, le contrôleur procède à la taxation d'office. Le contribuable peut réclamer contre cette taxation devant les tribunaux administratifs, en l'espèce, le conseil de préfecture au premier degré.

168. — Devant cette juridiction, le contrôleur justifie son évaluation à l'aide des éléments d'information dont il dispose, « spécialement ceux résultant des actes, jugements, déclarations, bordereaux, documents administratifs, pièces ou titres parvenus à la connaissance de l'un quelconque des services publics, conformément aux lois en vigueur [1] ». Le contribuable,

---

[1] Un amendement à l'article 30, déposé par **M.** le député Louis Puech, tendait à mettre, en cas de désaccord, la preuve à la charge de l'administration. Le ministre des Finances a déclaré s'y opposer. Néanmoins l'amendement a été pris en considération. Le texte nouveau élaboré par la commission, et qui a été adopté, a pour but de donner satisfaction aux préoccupations auxquelles la Chambre obéissait en prenant l'amendement en considération. « La Chambre désire, a déclaré en substance M. le rapporteur R. Renoult, que le commerçant ne soit, ni directement, ni indirectement, *contraint à produire ses livres de commerce*. La solution qui consiste à déclarer que la charge de la preuve appartient à l'administration n'est pas la meilleure. Il importe peu que le contribuable soit, devant le conseil de préfecture, placé dans la situation d'un demandeur ou d'un défendeur. En fait, le texte que nous avons adopté place les deux parties à peu près *sur un pied d'égalité* devant le conseil de préfecture. Nous avons cherché à résoudre la difficulté en spécifiant quelles seraient, en cas de recours au contentieux, les obligations de l'administration d'une part et, d'autre part, les droits du contribuable » (2ᵉ séance du 2 juillet 1908).

de son côté, peut contredire à l'évaluation soutenue par l'administration par tous moyens et par tous documents jugés par lui probants. *En aucun cas, même si une expertise est ordonnée*[1], *le tribunal ne pourra exiger la production des livres de commerce*[2]. La décision est rendue en audience non publique. Si la décision du conseil de préfecture lui est contraire, le contribuable peut se pourvoir devant le Conseil d'État. Le pourvoi est jugé sans ministère d'avocat.

169. — *c)* Le contribuable ne fait pas sa déclaration. Le défaut de déclaration dans le délai fixé, et sans excuse valable admise par le conseil de préfecture, entraîne une *amende* égale au *quart* de l'impôt. En outre, le contribuable est *taxé d'office* par le contrôleur des contributions directes. Il a vingt jours pour présenter ses observations. Si l'accord ne peut se faire dans ce délai, le contribuable peut recourir contre l'évaluation d'office devant le conseil de préfecture, *mais à la condition de faire en même temps sa déclaration*[3].

170. — *2° Contribuables ayant 5000 francs au plus de revenu total.* — Ces contribuables sont invités à faire une déclaration, mais celle-ci n'est *pas obligatoire*. Elle est seulement de leur intérêt; car, si elle est acceptée, elle fixe la base

---

[1] La procédure à suivre pour l'expertise est celle qui est prévue par la loi du 17 juillet 1895, en ce qui concerne les expertises devant le conseil de préfecture en général. (V. *Dictionnaire pratique de Droit*, v° *Conseil de préfecture*, n° 32 et s.; *Petit Dictionnaire de Droit, eod. v°*, n° 26 et s.)

[2] Le contribuable sera-t-il vraiment libre de ne pas produire ses livres de commerce? « Oui, a déclaré le Rapporteur, parce qu'on ne peut envisager l'éventualité d'évaluations administratives excessives, volontairement majorées,... ayant pour but de contraindre le contribuable à une déclaration précise... Il n'en peut être question, parce que l'administration est obligée de justifier, à l'aide de présomptions sérieuses, l'évaluation qu'elle aura faite. — A un autre point de vue encore le contribuable restera libre,... parce qu'il ne sera jamais dans un cas où une véritable contrainte morale pèserait sur lui. Si, en effet, un contribuable, ayant à contester une évaluation de l'administration, se trouve en présence de présomptions très fortes recueillies par celle-ci, et s'il estime, d'autre part, que son intérêt lui interdit de produire ses livres, il sera taxé sur les apparences extérieures de la productivité, très voisines de celles où, actuellement, il est rangé dans telle ou telle classe de patentables » (séance du 2 juillet 1908).

[3] Le défaut de déclaration avait pour sanction dans le projet de la commission la condamnation aux frais de l'instance, quelle que fût l'issue du procès; ce système a été abandonné comme « insuffisant et dangereux pour le contribuable » (Déclaration du ministre des Finances).

de l'imposition. Si le contribuable ne fait pas de déclaration, il conserve le droit de réclamer amiablement contre la taxation d'office à laquelle le contrôleur procède. Il pourra, d'autre part, si un accord n'a pu s'établir, recourir contre la taxation devant le conseil de préfecture.

171. — Faculté d'abonnement. — Lorsque l'évaluation du revenu imposable aura été définitivement établie, les contribuables qui en feront la demande pourront, d'accord avec l'administration, être admis à contracter, sur les bases de cette évaluation, un *abonnement,* valable pour une période de trois années. Ils seront dispensés, pendant cette période, de tout débat, même amiable, avec le contrôleur [1].

172. — Pénalités en cas de dissimulation découverte immédiatement. — Lorsqu'un contribuable aura déclaré un revenu trop faible, et que cette dissimulation sera constatée lors de l'instance devant le conseil de préfecture, la taxe à laquelle il aurait dû être assujetti, en raison de son revenu véritable, sera *doublée* sur la portion dissimulée de ce revenu. Toutefois, pour faire la part de l'erreur dans laquelle le contribuable a pu tomber pour l'évaluation de son revenu, le doublement de la taxe ne sera prononcé que si l'insuffisance est reconnue supérieure au *cinquième* du revenu réel, ou si elle dépasse 10000 francs [2].

173. — Pénalités en cas de fraude découverte tardivement. — Au cas où l'administration sera à même d'établir, au moyen d'un acte susceptible de faire foi en justice (vente, cession de fonds de commerce, jugement, déclaration de succession...) qu'à la suite d'une déclaration fausse, un contribuable a été insuffisamment taxé, une *amende* égale au *cinquième* du revenu dissimulé sera prononcée par le conseil de préfecture contre le contrevenant ou, s'il est décédé, contre ses héritiers [3].

---

[1] Article 30.

[2] Article 30.

[3] Article 31. — L'amende est ici plus forte (20 % au lieu de 3,50 %) que dans le cas prévu au n° 172. C'est qu'en effet, la fraude est jugée ici plus grave. On est en présence d'une dissimulation certainement intentionnelle, alors que, dans le cas visé plus haut, il peut y avoir erreur, simple divergence d'appréciation.

174. — Toutefois, l'action de l'Administration sera prescrite à l'expiration de deux années à partir du jour où elle aura été mise à même de connaître la fraude et, dans tous les cas, à l'expiration d'un délai de *dix ans* à partir de la publication du rôle auquel cette fraude se rapportera[1].

175. — **Dégrèvements en faveur des contribuables de la 4e catégorie**[2]. — 1° *Exemption totale.* — Toute personne dont le revenu total ne dépasse pas 1250 francs aura droit à l'*exemption complète* d'impôt sur son revenu de la 4e catégorie. Dans le calcul du revenu total, les revenus de la 6e catégorie (salaires ou traitements) n'entreront en ligne de compte que s'ils dépassent 300 francs[3]. Pour obtenir le bénéfice de l'exemption, les contribuables seront tenus de faire, *chaque année, à la mairie*, une *déclaration* de leurs établissements et du revenu pour lequel ils sont taxés. Ils devront affirmer, en outre, que le total de leurs revenus de toute catégorie ne dépasse pas 1250 francs[4].

176. — 2° *Abattements.* — Lorsque son revenu moyen, déterminé comme il est dit au n° 153, ne dépassera pas 20000 francs[5], le contribuable aura droit aux déductions suivantes :

La fraction du revenu ne dépassant pas 1500 francs ne sera taxée que sur un septième ;

La fraction du revenu comprise entre 1501 et 2500 francs ne sera taxée que sur un tiers ;

La fraction du revenu comprise entre 2501 et 5000 francs ne sera taxée que sur les trois quarts.

---

[1] Ce dernier délai a été inscrit dans le projet de loi, à la demande de M. le député de Villebois-Mareuil, en faveur des héritiers, qui souvent ne pourront discuter, faute de documents, une fraude qu'ils n'auront pas commise personnellement.

[2] Les dégrèvements ne sont pas équivalents dans toutes les catégories. Ils sont plus forts pour les revenus mixtes (4e et 5e catégories) que pour les revenus du capital ; plus forts encore pour les revenus du travail (6e et 7e catégories) que pour les revenus mixtes.

[3] Article 34.

[4] Déduction faite des revenus de la 6e catégorie ne dépassant pas 300 francs.

[5] Le nombre des contribuables de la 4e catégorie dont le revenu est supérieur à 20000 francs a été évalué par le Rapporteur à 30000 seulement.

Le surplus du revenu sera taxé au taux plein de 3,50 % [1].

177. — Soit, par exemple, un revenu commercial ou industriel moyen de 1500 francs, calculé comme il a été dit au n° 153. Le revenu imposable sera de $\frac{1500}{7}$, ou 214 fr. 28. L'impôt sera de 7 fr. 50. Supposons, maintenant, un revenu moyen de 2500 francs. Il supportera, juqu'à concurrence de 1500 francs, un impôt de 7 fr. 50, et sur les 1000 francs restants, qui ne comptent que pour 333 fr. 33, un impôt de 11 fr. 65. Au total, l'impôt sur ce revenu sera de 19 fr. 15.

178. — **Imposition des artisans et ouvriers à la 6e catégorie.** — Le projet de loi exempte [2] de l'impôt sur les bénéfices commerciaux, pour les assujettir à l'impôt moins élevé institué sur les revenus du travail (6e catégorie), un certain nombre de professions. Ces mêmes professions sont, d'ailleurs, exonérées dans la législation actuelle des patentes, à raison de leur peu d'importance [3].

179. — Sont, à ce titre, exemptés de l'impôt sur les bénéfices commerciaux : les ouvriers travaillant chez eux ou chez les particuliers sans compagnons ni apprentis [4], soit qu'ils travaillent à façon, soit qu'ils travaillent pour leur compte et avec des matières leur appartenant, qu'ils aient ou non une enseigne ou une boutique ; les ouvriers travaillant en chambre avec un apprenti de moins de seize ans ; les personnes vendant en ambulance dans les rues de menus comestibles ; les savetiers, les chiffonniers au crochet, les rémouleurs, les gardes-malades, les pêcheurs, alors même que la barque qu'ils montent leur appartient.

180. — Les bénéfices réalisés dans leur profession par ces personnes sont seulement imposés comme revenus du travail, au taux de 3 %, et selon les règles qui seront exposées plus loin concernant cette catégorie de revenus.

---

[1] Article 32.
[2] Article 36.
[3] Loi du 15 juillet 1880, article 17.
[4] Ne sont pas considérés comme compagnons ou apprentis la femme travaillant avec son mari, ni les enfants non mariés travaillant avec leurs père et mère, ni le simple *manœuvre* dont le concours est indispensable à l'exercice de la profession (Article 36).

181. — **Taxation des sociétés civiles et commerciales.** — Les sociétés civiles et commerciales de toute nature, qui, réalisant des bénéfices commerciaux ou industriels, sont, par suite, soumises à l'impôt de la 4e catégorie, seront taxées, dans cette catégorie, non au taux général de 3,50 %, mais d'après une échelle spéciale de taux, à savoir :

Au taux de 4 %, lorsque leur revenu imposable est supérieur à 1 million et au plus égal à 10 millions ;

Au taux de 4,50 %, lorsque leur revenu imposable est supérieur à 10 millions, et au plus égal à 20 millions ;

Au taux de 5 %, lorsque leur revenu imposable est supérieur à 20 millions [1].

182. — Un régime spécial de taux d'impôt est appliqué aux sociétés parce qu'elles échappent, par leur nature même, à l'impôt complémentaire. « Cet impôt frappe, lit-on dans le Rapport, le superflu, mot qui n'a pas de sens pour une personne morale ». Le revenu imposable des sociétés se calcule d'après les règles générales exposées aux nos 154 et suiv.

183. — **Sociétés coopératives de consommation et économats** [2]. — 1o *Sociétés ayant des magasins de vente.* — Les sociétés coopératives de consommation et les économats, *lorsqu'ils possèdent des boutiques ou magasins pour la vente* [3], seront passibles de l'impôt sur les bénéfices commerciaux, dans les mêmes conditions que les commerçants et les industriels [4].

[1] Article 92.

[2] Article 93. — Le projet de loi ne s'occupe pas des sociétés coopératives *de production*. Celles-ci sont assimilables, dans la mesure où elles réalisent un bénéfice, à des commerçants ou industriels, auxquels doivent être appliquées sans réserve les règles générales de l'impôt de la 4e catégorie.

[3] Lorsque les sociétés coopératives ont des magasins de vente, il est difficile de distinguer si elles font uniquement de la coopération ou si elles font du commerce. Aussi sont-elles, en bloc, assimilées aux commerçants ordinaires. Mais si elles prouvent qu'elles ne font pas de bénéfices, elles ne seront pas taxées.

[4] La loi du 19 avril 1905 soumet déjà actuellement à l'impôt de la patente les sociétés coopératives de consommation et les économats, lorsqu'ils possèdent des magasins pour la vente. Elle exonère, au contraire, les syndicats agricoles et les sociétés coopératives de consommation qui se bornent à grouper les commandes de leurs adhérents. — On remarquera que les sociétés coopératives dont le chiffre d'affaires dépasse 500 000 francs tomberont sous la disposition relative aux grands magasins. V. n° 186.

2º *Sociétés n'ayant pas de magasins de vente.* — Seront, au contraire, exempts d'impôt les syndicats agricoles et les sociétés coopératives, lorsqu'ils se bornent à grouper les commandes de leurs adhérents et à distribuer dans leurs magasins de dépôt les marchandises qui ont fait l'objet de ces commandes.

184. — Sont encore exonérés les syndicats agricoles et les sociétés qui, ne comptant qu'une seule catégorie de sociétaires et ne vendant qu'à ces seuls sociétaires pour leur usage personnel ou familial, distribuent leurs bonis annuels auxdits sociétaires ou à des œuvres d'utilité générale. Le boni qu'un coopérateur réalise sur lui-même ne peut, en effet, être considéré comme un bénéfice imposable. — Ces sociétés ou syndicats seront, par contre, imposés à raison des sommes qu'ils affectent à la rémunération du capital engagé dans l'entreprise.

185. — Pour bénéficier des exonérations ci-dessus énoncées, les sociétés et syndicats agricoles devront communiquer leurs écritures, à toute réquisition, aux agents chargés de l'assiette de l'impôt et du contrôle.

186. — **Taxe supplémentaire sur le chiffre d'affaires des grands magasins** [1]. — Indépendamment de l'impôt sur les bénéfices des professions industrielles et commerciales [2], le projet de loi établit une *taxe spéciale sur le chiffre d'affaires* réalisé par certains établissements. Ces établissements sont :

1º Les magasins de plusieurs espèces de marchandises (magasins de nouveautés) ;

[1] Article 91. — Les grands magasins sont actuellement soumis à la patente dans des conditions particulières et suivant un tarif qui les astreint à une contribution proportionnellement plus élevée que celle payée par les commerçants ordinaires. La taxation de ces établissements, d'après les seules règles applicables à l'impôt sur les revenus de la 4ᵉ catégorie, les aurait fait bénéficier d'importants dégrèvements par rapport à l'impôt qu'ils paient actuellement. Cette conséquence était inadmissible. C'est pour l'éviter que le projet institue une taxe supplémentaire sur le chiffre d'affaires. Cette taxe n'a donc d'autre objet que de maintenir la situation établie par la législation fiscale actuelle (Rapport). — Le chiffre d'affaires qui sert d'assiette à la taxe est le chiffre des ventes, et non le chiffre des ventes et des achats combinés.

[2] Payé, suivant le cas, d'après le tarif applicable aux individus ou le tarif spécial des sociétés (V, nº 181).

2º Les magasins pour la vente en-demi-gros ou aux particuliers de vêtements confectionnés (magasins de confections) ;

3º Les magasins pour la vente en demi-gros ou en détail de quincaillerie, de ferronnerie et d'articles de ménage (bazars) ;

4º Les magasins pour la vente en demi-gros ou en détail d'épicerie, liqueurs et conserves.

187. — Il faut, d'autre part, pour que cette taxe soit applicable : 1º que ces magasins occupent habituellement plus de *dix personnes* employées aux écritures, aux caisses, à la surveillance, aux achats et aux ventes intérieures ou extérieures ; 2º que leur chiffre annuel d'affaires dépasse 500 000 francs.

188. — Le taux de la taxe spéciale sur le chiffre d'affaires est de :

1 pour mille, sur la fraction du chiffre d'affaires comprise entre 500 001 francs et 1 million de francs ;

2 pour mille, sur la fraction du chiffre d'affaires comprise entre 1.000 001 francs et 5 millions de francs ;

3 pour mille, sur la fraction du chiffre d'affaires au-dessus de 5 millions de francs.

189. — L'impôt est établi sur la *déclaration* annuelle de leur chiffre d'affaires total pendant l'année précédente, faite par les assujettis au contrôleur des contributions directes dans un délai de deux mois, à partir de la réception d'un avis spécial. Ils doivent fournir à l'appui de leur déclaration toutes les justifications nécessaires pour en établir l'exactitude.

190. — Pour les établissements possédant plusieurs succursales, le chiffre d'affaires sur lequel sera établie la taxe est le chiffre global des affaires réalisées par toutes les succursales.

CHAPITRÉ VI

IMPOT DE 3 0/0 SUR LES REVENUS
DE L'EXPLOITATION AGRICOLE [1]

191. — **Principe de l'impôt.** — Dans tout revenu agricole, on peut faire deux parts distinctes : la rente du sol et le produit de l'exploitation. La rente du sol paye l'impôt de la 2ᵉ catégorie : l'impôt sur les *capitaux*. Le produit de l'exploitation est taxé, d'autre part, parmi les produits du *travail*[2]. L'impôt sur les bénéfices agricoles n'est donc nullement un impôt de superposition frappant le même revenu que l'impôt sur les propriétés. — En fait, si l'impôt de la 5ᵉ catégorie n'existait pas, les *fermiers*, les *métayers* ne seraient imposés comme tels dans aucune cédule[3].

192. — **Assiette de l'impôt.** — **Calcul du revenu imposable.** Pour l'assiette de l'impôt de la 5ᵉ catégorie, le revenu de l'exploitation agricole d'une propriété est considéré comme

---

[1] Il faut entendre par *revenus de l'exploitation agricole* non pas ce que le cultivateur met de côté à la fin de l'année, mais également ce sur quoi il vit. « Nous ne taxons pas, a dit le ministre des Finances, seulement les *économies*; nous taxons le *revenu*. » V., au surplus, au nᵒ 2, page 2, la définition du « revenu ».

[2] En réalité, le revenu de l'exploitation agricole est un revenu *mixte*. (Sur le sens de cette expression, V. la note 6, p. 2). Le fermier, en effet, fournit non seulement son travail, mais encore des capitaux (engrais, matériel, etc.).

[3] « Actuellement, a dit le ministre des Finances, le revenu de l'exploitation agricole est atteint par l'impôt foncier, car c'est l'ensemble du produit du sol qui est taxé. La législation actuelle ne fait pas de distinction. Le projet, au contraire, distingue les deux éléments ».

égal à la *moitié* de la valeur locative réelle de ladite propriété[1], pour la fraction de cette valeur locative n'excédant pas 5 000 francs ; et aux *deux tiers* de cette valeur locative, pour la fraction excédant 5 000 francs. Si nous supposons, par exemple, une propriété d'une valeur locative réelle de 6 500 francs, le revenu de l'exploitation agricole sera de : $\dfrac{5\,000 \text{ fr.}}{2} + \dfrac{2}{3} \times 1\,500 \text{ fr.} = 3\,500$ francs.

193. — Le projet fait bénéficier ainsi l'agriculteur d'une déduction qui est censée représenter, par rapport à son revenu *brut*, l'ensemble des charges pesant sur son exploitation. Dans cette déduction forfaitaire se trouvent d'ailleurs compris les salaires de la main-d'œuvre. Si le cultivateur peut se faire aider par les membres de sa famille, il se trouvera, dès lors, avantagé.

194. — On remarquera, et M. le ministre des Finances l'a reconnu, que l'impôt de la 5e catégorie est ainsi établi sur un *signe extérieur*, à savoir la proportion qui existe entre le bénéfice agricole et la rente foncière. Le petit cultivateur ne tenant pas de comptabilité, on ne pouvait, a dit M. le ministre des Finances, lui demander une déclaration, ni lui imposer une taxation d'office qu'il aurait fallu justifier, le cas échéant. — « Le Gouvernement et la commission, a déclaré, d'autre part, le Rapporteur, ont reconnu que la règle *forfaitaire* était, à la fois, la plus simple, la plus juste et la plus expédiente[1]. »

195. — **Déductions opérées sur le revenu agricole.** — Le projet de loi institue, en outre, des *abattements* pour le calcul du revenu de l'exploitation agricole, lorsque la valeur locative réelle de l'exploitation ne dépasse pas 12 000 francs. La portion

[1] On a vu, d'autre part, que le revenu net (rente foncière) de la propriété non bâtie est évalué, pour l'application de l'impôt de la deuxième catégorie, aux 4/5 de la valeur locative. — La question de savoir quelles sont les valeurs respectives de la rente foncière et du revenu de l'exploitation agricole a été longuement discutée à la Chambre. Le projet du Gouvernement considérait le bénéfice agricole comme *égal* à la valeur locative. Dans le texte définitif soumis à la Chambre, cette règle a été abandonnée. Elle avait soulevé de vives protestations.

[2] Séance du 30 oct. 1908.

du revenu n'excédant pas 1 250 francs est exempte d'impôt [1]; la portion du revenu comprise entre 1 251 et 2 000 francs ne compte que pour *un tiers;* la portion du revenu comprise entre 2 001 et 3 000 francs ne compte que pour *deux tiers;* le surplus seul est taxé au taux plein [2].

196. — Si, par exemple, nous considérons une propriété d'une valeur locative réelle de 12 000 francs, le revenu agricole de cette exploitation sera de :

$$\frac{5000}{2} + \frac{2}{3} \times 7000 = 7166 \text{ francs.}$$

Le revenu imposable sera de :

$$\frac{750}{3} + 1000 \times \frac{2}{3} + 4166 - 1250 = 5082 \text{ francs.}$$

L'impôt s'élèvera à 152 fr. 50.

197. — **Taxation au taux plein des parcs et jardins.** — Sont, d'autre part, taxés au taux plein, sans déduction ni atténuation d'aucune sorte [3] : les parcs [4], jardins, avenues, pièces d'eau et les terrains enlevés à la culture pour le pur agrément, ou spécialement aménagés en vue de la chasse [5]. — Le revenu agricole de ces propriétés est calculé, d'ailleurs, de la même façon que pour les terrians de culture.

[1] Autrement dit : les fermiers qui n'ont que 1 250 francs de bénéfice d'exploitation ne payent aucun impôt.

[2] Il y a en tout, a dit M. Camille Pelletan, président de la Commission, 4 194 000 agriculteurs (fermiers, métayers, propriétaires exploitant eux-mêmes). Sur ce nombre, 230 000 seulement seront atteints par l'impôt sur les bénéfices agricoles, et la plupart dans de très modestes proportions. Ainsi, 92 000 exploitants de 30 à 40 hectares payeront sur le pied de 0 fr. 30 %, et 53 000 sur celui de 0 fr. 35 %. (Séance du 7 juillet 1908.)

[3] Article 38. — La loi du 3 frimaire an 7, art. 59, décide de même que « l'évaluation du revenu imposable des terrains enlevés à la culture pour le pur agrément, tels que parterres, pièces d'eau, avenues, etc., sera portée au taux de celui des meilleures terres labourables de la commune ».

[4] Tous les parcs, a fait remarquer M. le député Galpin, ne sont pas enlevés à la culture. Certains sont semés en prairie et plantés en arbres fruitiers. M. le ministre des Finances a déclaré que, si un parc est cultivé normalement et n'a du parc que le nom, il sera traité comme terrain consacré à la culture.

[5] Les terrains spécialement aménagés en vue de la chasse ne sont pas les propriétés qui, normalement exploitées, renferment du gibier, mais bien celles que l'on rend volontairement improductives pour les réserver à la chasse.

198. — Exemption d'impôt en faveur des petits jardins. — Par exception, sont exemptées de l'impôt de la 5e catégorie les personnes ayant la jouissance de terrains d'agrément dont la superficie n'excède pas un hectare et dont le revenu imposable n'est pas supérieur à 100 francs [1].

199. — Réclamations, remises, modérations. — On applique au revenu de l'exploitation agricole, en ce qui concerne les réclamations, remises ou modérations d'impôt, les règles énoncées aux n°s 77 et suiv., en ce qui concerne le revenu des propriétés non bâties.

200. — Lieu d'établissement de l'impôt. — Au nom de qui est-il établi ? — L'impôt de la 5e catégorie est établi, non dans la commune du domicile du contribuable, mais dans celle où se trouve le siège de l'exploitation agricole. — Il est établi au nom du contribuable exploitant à la date du 1er janvier [2].

201. — Faculté de déclaration. — Tout en évaluant à l'aide d'une présomption légale le bénéfice agricole [3], le projet laisse au cultivateur, s'il n'est pas satisfait de l'évaluation forfaitaire de son bénéfice, la faculté de faire une *déclaration* du bénéfice effectif de son exploitation, calculé sur une moyenne de *trois* années [4]. Cette disposition a pour but d'encourager les cultivateurs à tenir une comptabilité.

202. — Distinction des bénéfices agricoles et des revenus industriels ou commerciaux. — Les cultivateurs qui achètent des chevaux pour les revendre, l'herbager qui engraisse des bœufs pour la vente, le cultivateur qui vend son lait tous les matins ne seront-ils pas taxés comme commerçants ou industriels ? — A cet égard, a dit M. le ministre des Finances, rien n'est innové. Les règles actuellement en vigueur continueront

---

[1] Article 38.
[2] Article 37.
[3] V. ci-dessus n° 192.
[4] Article 37. — Le revenu imposable sera déterminé, dans ce cas, suivant les mêmes règles que les revenus de la 4e catégorie (V. n°° 153 et suiv.).

d'être appliquées [1]. Les cultivateurs qui ne font que mettre en œuvre leurs produits, et pour qui les actes commerciaux sont des actes isolés, ne seront pas soumis à l'impôt sur les bénéfices commerciaux et industriels (séance du 30 oct. 1908).

[1] V. *Dictionnaire pratique de Droit*, v° *Acte de commerce*, n° 9.

CHAPITRE VII

IMPOT DE 3 0/0 SUR LES TRAITEMENTS PUBLICS ET PRIVÉS, LES SALAIRES ET LES PENSIONS

203. — Assiette de l'impôt. — Règle générale. — L'impôt de la 6ᵉ catégorie est assis sur le *montant net réel* des traitements et salaires payés soit en *argent*, soit *en nature*, y compris les primes, émoluments, gratifications et avantages divers distincts du traitement ou salaire proprement dit, mais sous déduction des indemnités allouées pour dépenses de service [1].

204. — Assiette de l'impôt pour les salaires et petits traitements. — Pour les salaires et les traitements assimilables aux salaires inférieurs à 5 000 francs, le *revenu imposable* est réduit aux *deux tiers* de la somme obtenue par l'application de la règle générale ci-dessus exposée.

205. — Assimilation aux salaires de certains traitements ne dépassant pas 5.000 francs. — La sous-évaluation du revenu imposable aux deux tiers du revenu réel avait d'abord été introduite dans l'article 39 en faveur des *salaires* seuls, et à raison de leur caractère de *précarité*. C'est sur l'initiative de M. le député Édouard Vaillant que l'on a ajouté dans ce texte les mots : « et traitements assimilables aux salaires... » Que doit-on entendre par cette expression ? Elle ne s'applique pas aux *traitements publics,* qui sont absolument garantis et devront, par suite, supporter le plein de l'impôt [2]. Mais il y a, entre ces traitements et le

---

[1] Article 39.
[2] Déclaration du ministre des Finances, séance du 10 décembre 1908.

salaire qui est acquis au jour le jour, celui du manœuvre, par exemple, toute une série de catégories intermédiaires. La jurisprudence aura à indiquer les cas dans lesquels la rémunération d'une personne a le caractère d'un salaire et ceux dans lesquels elle a le caractère d'un traitement. Elle l'a déjà fait, d'ailleurs, pour l'application de la loi du 12 janvier 1895 sur la saisie-arrêt des salaires et petits traitements [1]. On s'inspirera des précédents ainsi créés.

206. — C'est ainsi, par exemple, que l'on devra traiter comme salaires, suivant une observation faite par M. le ministre des Finances, le traitement des commis des bouchers et celui des choristes des théâtres. M. le député Édouard Vaillant a indiqué qu'on devrait aussi considérer comme tels les traitements des employés de chemin de fer et des grandes compagnies de transports, et, d'une façon générale, s'attacher moins au caractère de *précarité* de la rémunération qu'à l'état de *dépendance économique* qui caractérise le petit employé au même titre que l'ouvrier.

207. — **Dégrèvements à la base.** — Les traitements, indemnités à forme de traitement, les salaires, ne sont pas assujettis à l'impôt pour l'entier montant du revenu imposable. Il est opéré sur ce revenu un dégrèvement à la base, *variable avec le chiffre de la population* de la localité où le contribuable a son domicile réel [2].

Ce dégrèvement est de :

1 500 francs dans les communes de 10 000 habitants et au-dessous ;

2 000 francs dans les communes de 10 001 à 100 000 habitants;

2 500 francs dans les communes de plus de 100 000 habitants ;

3 000 francs dans le département de la Seine.

[1] On remarquera que la loi du 12 janvier 1895 ne considère comme petits traitements susceptibles d'être assimilés à des salaires, que les traitements ne dépassant pas 2 000 francs. Le projet de loi étend cette faculté d'assimilation aux traitements allant jusqu'à 5 000 francs.

[2] La fraction du revenu déclarée non imposable représente, lit-on dans le Rapport, le minimum des ressources nécessaires à l'existence. Ce minimum varie suivant l'importance des localités. Il est plus élevé dans les grandes villes que dans les petites communes.

208. — Il en résulte : 1° que les salaires et traitements, pour lesquels le revenu imposable est inférieur respectivement à 1500 francs, 2000 francs, 2500 francs, 3000 francs, suivant le domicile du bénéficiaire, sont complètement exemptés ; — 2° que, lorsque le revenu imposable des salaires et traitements dépasse le minimum exempté, ce revenu subit une déduction égale à 1500 francs, 2000 francs, 2500 francs ou 3000 francs suivant le cas, le surplus seul étant imposé.

209. — Les conseils municipaux ont, d'ailleurs, la faculté de majorer ces dégrèvements dans une certaine mesure [1].

210. — **Déductions sur la partie taxée du revenu.** — En outre, sur la partie *taxée* du revenu, le contribuable a droit aux déductions suivantes :

La fraction du revenu ne dépassant pas 3000 francs ne compte que pour *un sixième ;*

La fraction du revenu comprise entre 3001 et 3500 francs ne compte que pour *deux sixièmes ;*

La fraction du revenu comprise entre 3501 et 4000 francs ne compte que pour *trois sixièmes ;*

La fraction du revenu comprise entre 4001 et 4500 francs ne compte que pour *quatre sixièmes ;*

La fraction du revenu comprise entre 4501 et 5000 francs ne compte que pour *cinq sixièmes.*

Le surplus est taxé au taux plein [2].

211. — Si nous prenons comme exemple un traitement de 4000 francs dans une ville de plus de 100 000 habitants, nous devrons déduire d'abord de ce revenu 2500 francs ; il restera un revenu taxé de 1500 francs, sur lequel il est pratiqué un abattement, car cette somme ne compte que pour un sixième,

---

[1] Aux termes de l'article 40 du projet de loi, la portion du montant des traitements et salaires exemptée dans chaque commune pourra être majorée, par délibération du conseil municipal approuvée par le préfet, jusqu'au chiffre afférent à la catégorie de population immédiatement supérieure, à charge par la commune de prélever sur ses ressources budgétaires, au profit de l'Etat, une somme égale à la fraction des taxes qui cessera d'être perçue. A Paris et dans le département de la Seine, la majoration ne pourra dépasser 600 francs.

[2] Article 39.

soit 250 francs. Sur ces 250 francs, l'impôt, au taux de 3 %, sera de 7 fr. 50 [1].

212. — Pensions. — En ce qui concerne les pensions, il y a lieu tout d'abord de retrancher une somme de 1250 francs qui est exempte d'impôt. A la différence de ce qui a lieu pour les traitements et salaires, l'exemption à la base, en ce qui concerne les pensions, est fixe et indépendante de la population du domicile [2]. Sur la portion de la pension qui dépasse 1250 francs, on applique, au contraire, les déductions énoncées au n° 210.

213. — Cumul d'un traitement et d'une pension. — Lorsqu'un même contribuable jouira à la fois, d'une part, d'un traitement ou d'un gain, d'autre part, d'une pension, il ne pourra *cumuler* les exemptions afférentes à chacune de ces natures de revenus que dans les limites suivantes : 1° le montant total de l'exemption ne pourra dépasser la limite d'exemption à laquelle il pourrait avoir droit pour un traitement ou un gain ; 2° l'exemption afférente à la part de son revenu constitué par une pension ne pourra excéder 1250 francs [3].

214. — Supposons, par exemple, qu'une personne jouisse, à Paris, d'un revenu de 5000 francs, se composant d'une pension de 3000 francs et d'un traitement de 2000 francs. L'exemption totale dont cette personne bénéficiera sera de 3000 francs. C'est, en effet, cette exemption dont elle pourrait se prévaloir, si elle avait un traitement de 5000 francs, alors que, si on cumulait

[1] M. le député Théodore Reinach a fait observer qu'un employé gagnant 4 000 francs dans une ville de plus de 100 000 habitants payera 7 fr. 50 d'impôt, et un ouvrier bijoutier gagnant 4 000 fr., 0 fr. 85 seulement d'impôt, alors qu'un commerçant gagnant 4 000 francs payera 58 fr. 50 (à la 4ᵉ catégorie). M. le ministre des Finances a répondu qu'aujourd'hui le petit commerçant en question paye 120 francs d'impôt ; l'employé, s'il est fonctionnaire, ne paye rien dans beaucoup de communes ; quant à l'ouvrier, ses conditions d'existence ne sont pas comparables à celles de l'employé ou du commerçant.

[2] Si le salarié est tenu de se fixer dans les centres où ses aptitudes professionnelles peuvent trouver leur emploi, il n'en est pas de même du pensionné, qui conserve, en général, le libre choix de sa résidence. Il n'y avait donc pas lieu de tenir compte, en ce qui le concerne, de la population du domicile (Rapport).

[3] Article 59.

l'exemption afférente aux 2000 francs de traitement et aux 3000 francs de pension, on arriverait à une exemption totale de 3250 francs (2000 + 1250). — Supposons, d'autre part, qu'une personne jouisse, à Paris, d'une pension de 2000 francs et d'un traitement de 1000 francs. Si ce revenu total de 3000 francs était constitué par un traitement, il y aurait exemption complète. Mais il n'en sera pas ainsi, car la pension, qui est un élément de ce revenu, ne peut être exemptée que jusqu'à concurrence de 1250 francs. Il y aura donc 750 francs de ce revenu soumis à l'impôt.

215. — **Revenus sur lesquels porte l'impôt.** — **Lieu de l'imposition.** — L'impôt sera dû, chaque année, à raison des revenus acquis *au cours de l'année précédente*. Il sera établi, au nom des titulaires des revenus imposables, dans les communes où ces titulaires auront leur *domicile réel* au 1er janvier de l'année de l'imposition [1].

216. — **Taxation distincte des différents membres d'une même famille.** — L'impôt sera établi *séparément* pour les enfants et autres membres de la famille qui tirent de leur propre travail un revenu indépendant de celui du chef de famille [2]. Ainsi, quand plusieurs membres d'une même famille toucheront des salaires ou traitements, on ne devra, dans aucun cas, totaliser ces revenus sur la tête du chef de famille.

217. — **Dégrèvement pour charges de famille.** — V. n° 40.

218. — **Mode d'évaluation du revenu imposable.** — Toute personne, toute société ou toute association occupant des employés ou ouvriers moyennant traitements où salaires, sera tenue de remettre, dans le courant du mois de janvier de chaque année, au contrôleur des contributions directes, un *état* indiquant :

1° Les noms et adresses des personnes occupées dans son

---

[1] Article 41.

[2] Article 41. — Cette règle, lit-on dans le rapport de M. le député Renoult, est générale et devra être observée dans toutes les catégories. On la formule spécialement pour l'impôt de la 6ᵉ catégorie, parce que c'est là qu'elle trouvera son application la plus fréquente.

établissement au cours de l'année précédente et dont le traitement ou salaire excède le minimum exempté dans la localité
(V. n⁰ 207, p. 72) ;

2⁰ Le montant des traitements ou salaires payés à chacune
d'elles ;

3⁰ La période à laquelle s'appliquent ces payements, lorsque
cette période est inférieure à l'année [1].

219. — De même, toute personne, société ou association
payant des pensions sera tenue de fournir, dans les mêmes
conditions, la liste des titulaires de ces pensions, lorsqu'elles
dépasseront 1250 fr. (minimum exempté) [2].

220. — A l'aide des renseignements qui lui seront ainsi transmis et de tous autres qu'il pourra recueillir, le contrôleur fixera
les revenus imposables. Les intéressés pourront les contester,
après l'émission du rôle, par voie de réclamation contentieuse
devant les tribunaux. En cas de contestation, la *charge de la
preuve incombera à l'Administration* [3].

---

[1] Article 43. — Toute infraction à ces prescriptions sera punie d'une
amende de 5 francs. L'amende sera encourue autant de fois qu'il aura été
relevé des omissions ou des inexactitudes dans les renseignements qui
doivent être fournis (Article 46).

[2] Article 44.

[3] Article 45.

CHAPITRE VIII

IMPOT DE 3 0/0 SUR LES REVENUS DES PROFESSIONS LIBÉRALES.

Sont imposables dans la 7ᵉ catégorie les revenus des professions libérales (avocat, médecin, professeur, homme de lettres, etc.), et ceux des occupations lucratives qui ne sont pas rangées dans les autres catégories [1].

221. — Assiette de l'impôt. — L'impôt sur le revenu des professions libérales est établi annuellement à raison du *revenu net* [2] réalisé *pendant l'année précédente*. A l'égard des contribuables exerçant leur profession depuis moins d'un an, le revenu net est calculé en tenant compte des résultats obtenus depuis la date à laquelle la profession a été entreprise [2].

222. — Exemptions à la base. — Sur le revenu déterminé comme il vient d'être dit, il est fait une déduction de :

1500 francs si le contribuable a son domicile réel dans une commune de 10000 habitants et au-dessous ;

2000 francs si le contribuable a son domicile réel dans une commune de 10001 à 100000 habitants ;

---

[1] En ce qui concerne les revenus des occupations lucratives non dénommées, V. la note 1, page 9.

[2] Article 47. — Les mots « *revenu net* » doivent s'interpréter de la même façon que pour le revenu des commerçants (V. n° 153, page 55). C'est ainsi que le contribuable est autorisé à déduire de son revenu brut tous les frais inhérents à l'exercice de sa profession. Le projet de loi ne spécifie pas quels sont ces frais. Il appartiendra aux tribunaux d'apprécier, le cas échéant, les charges dont il y a lieu de faire état.

2500 francs si le contribuable a son domicile réel dans une commune de plus de 100000 habitants ;

3000 francs si le contribuable a son domicile réel dans le département de la Seine.

223. — **Déductions sur la partie taxée du revenu.** — En outre, sur son revenu taxé, chaque contribuable a droit aux déductions suivantes :

La fraction du revenu n'excédant pas 3000 francs n'est comptée que pour un sixième ;

La fraction du revenu comprise entre 3001 et 3500 francs n'est comptée que pour deux sixièmes ;

La fraction du revenu comprise entre 3501 et 4000 francs n'est comptée que pour trois sixièmes ;

La fraction du revenu comprise entre 4001 et 4500 francs n'set comptée que pour quatre sixièmes ;

La fraction du revenu comprise entre 4501 et 5000 francs n'est comptée que pour cinq sixièmes.

Le surplus est taxé au taux plein [1].

224. — **Lieu où l'impôt sera dû.** — L'impôt sera dû dans la commune où le titulaire du revenu imposable aura son domicile réel à la date du 1er janvier de l'année de l'imposition [2].

225. — **Mode d'évaluation de la matière imposable.** — **Déclaration du contribuable.** — Toute personne jouissant de revenus imposables à la 7e catégorie devra remettre chaque année, *dans le courant du mois de janvier*, au contrôleur des contributions directes, une *déclaration* de ses revenus. Les indications que devra contenir cette déclaration seront énumérées par un règlement d'administration publique. Celui-ci tiendra compte des conditions spéciales à l'exercice de chaque profession et, notamment, de l'observation qui s'impose, dans

---

[1] Article 47. — Les exemptions à la base et déductions sur la partie taxée du revenu sont identiques à celles qui existent dans la 6e catégorie. V. nᵒˢ 207 et suiv.

[2] Article 84. — Ce sont les règles suivies actuellement pour l'établissement de la contribution personnelle. — Le domicile réel est le *domicile de fait*. La jurisprudence considère qu'un contribuable a son domicile réel, suivant les cas, dans la commune où il exerce des fonctions ou une profession, ou dans celle où il exerce ses droits électoraux, ou encore dans celle où il a sa résidence habituelle et principale (Rapport).

certaines professions, du secret professionnel (avocats, médecins, etc.)[1].

226. — Recouvrement de l'impôt. — La procédure de recouvrement de l'impôt est identique à celle qui a été exposée pour l'impôt de la 4ᵉ catégorie. (V. nᵒˢ 164 et s.).

227. — Faculté d'abonnement. — Les contribuables qui en feront la demande pourront, d'accord avec l'administration, être admis à contracter un abonnement valable pour une durée de *trois années*. Cet abonnement sera basé sur le revenu moyen des *trois* années précédentes. On remarquera que, pour assimiler complètement la situation des contribuables de la 7ᵉ catégorie et celle des contribuables de la 4ᵉ catégorie, on a établi l'abonnement sur le revenu *moyen de trois années*, bien que l'impôt de la 7ᵉ catégorie soit basé, en règle, sur le revenu de *l'année précédente*[2].

228. — Pénalités en cas de dissimulation et de défaut de déclaration. — Ce sont encore les pénalités prévues pour les contribuables de la quatrième catégorie, c'est-à-dire le *doublement* de la taxe sur la portion du revenu dissimulé, lorsque la dissimulation dépasse le *cinquième* du revenu, et même en deçà de cette proportion, si le revenu dissimulé dépasse 10000 francs. Le défaut de déclaration dans le délai fixé, sans excuse reconnue valable, est puni d'une *amende* égale au *quart* de l'impôt.

229. — En outre de ces pénalités, le projet prononce contre tout contribuable *omis au rôle* et qui n'aura pas fait connaître son omission, ou qui, d'après sa déclaration ou d'office, aura été insuffisamment taxé, une *cotisation* égale au montant des sommes dont le Trésor aura été privé pour chacune des années antérieures à celle de la découverte de l'omission ou de l'insuffisance, sans toutefois que le droit de répétition puisse s'étendre à plus de cinq années[3].

[1] Article 49. — « A l'homme de lettres, par exemple, on pourra demander l'indication des traités passés avec ses éditeurs ; l'artiste dramatique ou lyrique devra faire connaître les principales clauses du contrat qui le lie avec la direction du théâtre ; le médecin attaché à un établissement scolaire sera invité à distinguer le traitement fixe qui lui est alloué de ce chef du surplus de ses honoraires » (Rapport).

[2] V. nᵒ 221, page 77.

[3] Article 50. — Des rôles supplémentaires pourront d'ailleurs être établis à l'égard des personnes omises au rôle primitif, ou qui seront redevables d'un supplément d'impôt (article 51).

CHAPITRE IX

IMPOT COMPLÉMENTAIRE DE 5 0/0 SUR L'ENSEMBLE DU REVENU

230. — **Caractères de l'impôt complémentaire.** — L'impôt complémentaire étant un impôt de *redressement*, destiné à compenser les inégalités que les impôts sur les consommations font peser sur les contribuables les plus pauvres, ne frappe que les contribuables *aisés*, ceux dont le revenu total dépasse un certain chiffre[1]. En outre, cet impôt pèse sur les chefs de famille.

231. — **Qui sera assujetti à l'impôt complémentaire?** — L'impôt complémentaire sera payé par toutes les personnes, à l'exception des personnes morales[2], qui sont domiciliées en France ou y possèdent une résidence[3], et qui jouissent d'un revenu total dépassant 5000 francs par an.

232. — **Établissement de l'impôt complémentaire dans la famille.** — L'impôt complémentaire frappe chaque *chef de famille*, à raison tant de ses revenus personnels que de ceux de sa femme et des autres membres de sa famille qui habitent avec lui[4], et qui lui abandonnent, par suite de dispositions légales, ou de conventions régulières, l'administration et la jouissance de leurs biens. Notamment, le père sera imposable à raison de ceux des

---

[1] V., au surplus, le n° 14, page 8.

[2] On a vu précédemment que les sociétés civiles et commerciales, qui échappent à l'impôt complémentaire, supportent, par contre, l'impôt de la quatrième catégorie calculé sur des taux spéciaux (V. n° 181).

[3] Pour l'application de l'impôt complémentaire aux étrangers, V. n°° 258 et suiv., p. 87.

[4] Article 63.

biens de ses enfants mineurs dont il a l'usufruit, conformément à la loi civile.

233. — Au contraire, l'impôt complémentaire sera établi distinctement : 1º pour les femmes séparées de biens, qui ne vivent pas avec leur mari ; 2º pour les enfants et les autres membres de la famille qui tirent un revenu de leur propre travail ou qui ont personnellement la jouissance d'un revenu indépendant de celui du chef de famille. Il en sera ainsi, par exemple, pour les enfants mineurs, en ce qui concerne ceux de leurs revenus auxquels ne s'étend pas l'usufruit paternel[1].

234. — **Calcul du revenu imposable à l'impôt complémentaire.** — Le revenu imposable à l'impôt complémentaire est constitué par la *totalisation* des revenus compris, pour l'année de l'imposition, dans chacune des catégories de l'impôt général. — On doit même y comprendre les revenus qui n'ont pas été taxés dans certaines de ces catégories par suite du jeu des *exemptions* et des *déductions*. — D'autre part, on doit y comprendre, également, les revenus qui sont passibles de la redevance proportionnelle des mines, ainsi que les revenus provenant de propriétés, exploitations ou professions sises ou exercées *hors de France*. Ces derniers revenus sont évalués suivant les règles applicables aux revenus de même nature acquis en France.

235. — **Déductions et exemptions.** — On a vu que toute personne dont le revenu n'excède pas 5000 francs n'est pas assujettie à l'impôt complémentaire. D'autre part, les personnes ayant un revenu de plus de 5000 francs, et qui sont, par suite, assujetties à l'impôt complémentaire, bénéficient sur leur revenu total des déductions suivantes :

236. — On déduit, d'abord, une somme de 5000 francs, qui est exemptée de tout impôt ;
En outre :
La fraction du revenu comprise entre 5001 et 10000 francs ne compte que pour un cinquième ;
La fraction du revenu comprise entre 10001 et 15000 francs ne compte que pour deux cinquièmes ;

[1] Article 63.

La fraction du revenu comprise entre 15001 et 20000 francs ne compte que pour trois cinquièmes;

La fraction du revenu comprise entre 20001 et 25000 francs ne compte que pour quatre cinquièmes.

Le surplus du revenu est taxé au taux plein [1].

237. — Considérons, par exemple, une personne ayant un revenu total de 30000 francs. L'impôt complémentaire sera calculé, en ce qui la concerne, de la manière suivante :

5000 francs exemptés;

5000 fr. comptés pour un cinquième,	soit 1000 francs;
5000 fr.	—	deux cinquièmes,	soit 2000 francs;
5000 fr.	—	trois cinquièmes,	soit 3000 francs;
5000 fr.	—	quatre cinquièmes,	soit 4000 francs;
5000 fr.	—	la totalité,	soit 5000 francs.

Au total, les 30000 francs de revenu réel forment un revenu imposable de 15000 francs, qui, à 5 %, supporteront un impôt de 750 francs.

238. — **Mode d'évaluation de la matière imposable. — Déclaration du contribuable.** — Le contrôleur des contributions directes dressera [2], pour chaque commune, la liste des personnes *susceptibles d'être assujetties* à l'impôt complémentaire [3]. Il invitera chacune d'elles, *par un avis spécial* [4], à souscrire la

---

[1] Article 66.

[2] Le ministre des Finances a fait remarquer que cette mesure ne constitue pas une innovation, et qu'actuellement déjà le contrôleur dresse la liste des patentables et celle des contribuables imposables à la contribution personnelle-mobilière, puisqu'il établit les rôles.

[3] La commission cantonale, chargée de l'examen des déclarations (V. n° 246), pourra compléter la liste des assujettis. Ce pouvoir lui a été donné pour répondre à l'objection suivante qui fut faite, lors de la discussion, par M. le député Théodore Reinach : Si le contrôleur omet certaines personnes sur la liste des assujettis à l'impôt complémentaire, quel recours auront les autres assujettis pour les y faire comprendre? — On avait proposé de confier cette mission à une commission de contribuables. Ce système a été repoussé. « Ce serait, a fait observer le Rapporteur, faire naître dans les petites communes des suspicions, des dénonciations, des conflits peut-être ». D'ailleurs, a ajouté le ministre des Finances, les autres contribuables pourront, en cas d'omission, saisir la commission de leur réclamation (Séance du 2 février 1909).

[4] Ces avis seront envoyés sous forme de lettre recommandée ou de notification administrative comportant un reçu (Déclaration du ministre des Finances, séance du 2 février 1909).

déclaration prévue par le projet de loi ou à certifier que son revenu total n'est pas supérieur au minimum exempté[1].

239. — La déclaration à laquelle sont ainsi invités les contribuables, et qui devra être renouvelée chaque année, de même que l'avis spécial du contrôleur, contiendra les renseignements suivants[2] :

240. — 1° En ce qui concerne les revenus des propriétés bâties ou non bâties, les bénéfices commerciaux ou industriels, les bénéfices agricoles, les traitements, salaires ou pensions, et les revenus des professions libérales, le contribuable se bornera à mentionner les noms des communes où ces impositions sont établies. L'administration a entre les mains, relativement à ces revenus, les renseignements qui lui sont nécessaires pour asseoir l'impôt complémentaire; il lui suffira de les réunir et de faire le total des revenus qu'ils accusent.

241. — Toutefois, le contribuable devra faire connaître expressément le montant de ses revenus exemptés dans certaines catégories comme n'atteignant pas le minimum imposable[3], ainsi que le montant de ses revenus provenant de l'exploitation minière ou de propriétés, exploitations ou professions sises ou exercées hors de France.

242. — 2° En ce qui touche les revenus des *capitaux mobiliers*, le contribuable devra indiquer dans sa déclaration leur montant[4], en les distinguant suivant leur nature[5].

243. — Les déclarations seront signées et les signataires de-

---

[1] Article 67. — « Quand des personnes, qui ne doivent pas être comprises sur la liste des assujettis à l'impôt complémentaire, y auront été portées par controleur, il leur suffira, pour obtenir leur radiation, de déclarer qu'elles ont un revenu inférieur au revenu assujetti à l'impôt » (Déclaration du ministre des Finances, séance du 2 février 1909).

[2] Article 68. — Les déclarations seront rédigées sur des formules dont la teneur sera fixée par un règlement d'administration publique.

[3] Par exemple, un traitement de moins de 3 000 francs à Paris.

[4] Spécialement, pour les intérêts d'obligations, ce que l'on devra déclarer, ce sont les revenus nets encaissés, sans faire entrer en ligne de compte les primes d'amortissement. Pour les dividendes, c'est le revenu encaissé réellement pendant la précédente année.

[5] Titres de rente sur l'État français, créances, dépôt, cautionnement, etc.

vront affirmer qu'elles sont faites conformément aux prescriptions de la loi et en toute sincérité [1].

244. — Les déclarations devront être adressées au contrôleur des contributions directes dans le délai de *deux mois* à partir de la réception de l'avis spécial mentionné au n° 238.

245. — **Déduction des intérêts des dettes.** — L'impôt complémentaire étant destiné à atteindre le revenu réel et net, les contribuables seront admis à déduire de leur revenu brut le montant de l'intérêt des dettes ou emprunts à leur charge et des arrérages des rentes par eux payées à titre obligatoire. Mais ils ne pourront le faire qu'à la condition de fournir dans leur déclaration toutes les justifications nécessaires [2].

246. — **Examen des déclarations par une Commission cantonale.** — **Établissement de la matrice des rôles.** — Les déclarations des contribuables seront soumises à l'examen d'une *commission cantonale* composée d'un contrôleur des contributions directes, d'un receveur de l'enregistrement et d'un percepteur [3]. — La commission *contrôlera* les déclarations. Elle pourra inviter les contribuables à fournir des éclaircissements. Elle aura, enfin, le droit de *rectifier* les déclarations. — Le contrôleur des contributions directes établira ensuite la matrice

---

[1] Article 70. — Le texte primitif portait : les signataires doivent affirmer « *sur l'honneur* ». M. le député de Belcastel a demandé la suppression de cette formule. La commission y a consenti. Le Rapporteur a déclaré que ces mots n'ajoutaient rien au sens et à la valeur de la déclaration imposée au contribuable (Séance du 4 février 1909).

[2] Article 69.

[3] Article 71. — L'étendue des pouvoirs donnés à cette commission a occasionné un débat important. M. Jules Roche l'a appelée « un triumvirat qui rappellera les triumvirats anciens si fameux dans l'histoire ». — « Vous allez instituer, a dit le même orateur, un pouvoir politique formidable... Vous mettez la nation française tout entière dans la main de trois mille comités qui seront des tyrans par la force des choses ». D'autre part, M. René Renoult, rapporteur, a déclaré : « Le rôle de la commission cantonale est nettement délimité : c'est un simple organe de *contrôle*. Elle est composée de fonctionnaires qui, par leurs occupations habituelles et leurs connaissances locales, sont particulièrement aptes à l'accomplissement de la mission qu'ils ont à remplir » (séance du 4 février 1909). — Les membres de la commission seront désignés par le préfet, d'accord avec les chefs de service intéressés.

des rôles[1] d'après les déclarations des contribuables — rectifiées, s'il y a lieu, par la commission.

247. — Réclamations des contribuables. — Les contribuables pourront élever des réclamations contre les rectifications apportées à leur déclaration par la commission cantonale. La réclamation du contribuable ne pourra, d'ailleurs, porter que sur le *principe,* la *base* ou le *chiffre* de son imposition.

248. — Les réclamations seront présentées, instruites et jugées conformément aux règles actuellement en vigueur en matière de contributions directes[2]. Toutefois, ces réclamations seront jugées en audience non publique[3]. La juridiction compétente pour statuer sur les réclamations contentieuses sera le conseil de préfecture.

249. — Devant le conseil de préfecture, l'administration devra faire la preuve de l'inexactitude de la déclaration du contribuable à l'aide des moyens dont elle dispose en vertu des lois existantes et notamment des lois d'enregistrement[4].

250. — Taxation d'office en cas de non-déclaration. — Tout contribuable qui se sera abstenu de répondre à l'invitation de faire sa déclaration, ou à la demande d'éclaircissements formulée par la commission cantonale sera *taxé d'office*. Il ne pourra, dès lors, à moins d'excuse valable admise par le conseil de préfecture, obtenir la décharge ou la réduction de sa cotisation qu'en apportant toutes les justifications de nature à faire la preuve du chiffre exact de son revenu. En outre, il supportera les frais de l'instance, quelle qu'en soit l'issue[5].

251. — Sanction des inexactitudes commises dans les déclarations. — 1° *Amende.* — En cas de déclaration reconnue

----

[1] Les *matrices des rôles* sont les volumes dans lesquels sont réunis, par commune, les renseignements dont l'administration a besoin pour asseoir l'impôt et dresser les rôles nominatifs. V. la note 2, page 10.

[2] Articles 72, 77. — V. n° 33, page 13.

[3] V. n° 36, page 14.

[4] Déclaration du ministre des Finances, séance du 4 février 1909.

[5] Article 73. — Une sanction analogue figurait à l'article 30 dans le projet du Gouvernement. Elle a été supprimée dans ce dernier article (V. la note 3 sous le n° 169). Par contre, elle a été maintenue dans l'article 73.

inexacte, notamment en ce qui concerne les revenus de capitaux mobiliers, le contrevenant ou, s'il est décédé, ses héritiers seront frappés d'une *amende* égale à la *moitié* du revenu dissimulé[1]. Malgré son droit de rectification, la commission peut être induite en erreur par des déclarations mensongères. Il sera nécessaire, d'ailleurs, qu'il s'agisse d'une dissimulation *frauduleuse*. C'est, en effet, la volonté de tromper le fisc qui est punie, et non l'évaluation insuffisante faite de bonne foi par le contribuable, laquelle donnera seulement lieu à rectification. L'*amende* peut être prononcée contre les héritiers du contrevenant, parce que, la plupart du temps, la fraude ne sera découverte qu'après le décès du contribuable et à l'occasion de la déclaration de sa succession.

252. — 2º *Triple cotisation*[2]. — Outre l'*amende*, le contribuable qui aura été omis au rôle faute d'avoir souscrit une déclaration ou qui, sur sa déclaration, ou d'office, aura été insuffisamment imposé, sera redevable d'une *cotisation* égale au *triple* des sommes dont le Trésor aura été privé pour chacune des années antérieures à celle de la découverte de l'omission ou de l'insuffisance[3].

253. — 3º *Institution d'une marge d'erreur.* — Toutefois, la triple cotisation ne sera pas encourue si l'insuffisance est reconnue inférieure au dixième du revenu réel et à 3000 francs; d'autre part, il sera nécessaire que le contribuable ait été *de bonne foi*. Par là, il est institué une *marge d'erreur*. La bonne foi du contribuable résultera du fait même qu'elle sera alléguée et que le contribuable donnera de son erreur des raisons plausibles. Dans le cas où les raisons alléguées seraient *dérisoires*, et où, *en outre*, l'administration pourrait *prouver* que la déclaration a été frauduleuse, la triple cotisation serait prononcée[4].

---

[1] Article 74.

[2] Article 75. — Il importe de ne pas confondre la sanction consistant dans l'amende et celle consistant dans la *cotisation* majorée. La cotisation est une imposition qui est due dans tous les cas. L'amende est une peine qui peut faire l'objet d'une remise.

[3] Supposons qu'un revenu de 100 francs n'ait pas été déclaré : cette dissimulation entraînera une cotisation de 3 fois 5 francs ou 15 francs, sur laquelle aucune remise ne pourra être faite. En outre, amende de moitié du revenu, soit 50 francs. Au total, 65 francs.

[4] Déclaration du Rapporteur (séance du 15 février 1909).

254. — **Prescription.** — Le droit de répétition du Trésor pour les sommes dont il aura été privé par suite d'omissions ou d'insuffisances dans les déclarations des contribuables, est limité à *trois années* pour l'imposition des revenus des 1re, 2e, 4e, 5e, 6e et 7e catégories, et à *dix années* en ce qui concerne les valeurs mobilières [1].

255. — **Établissement, publication et recouvrement des rôles.** — Les rôles de l'impôt complémentaire seront établis, publiés et recouvrés comme en matière de contributions directes. La publication consistera dans l'apposition d'une affiche comme il a été exposé précédemment [2].

256. — **Rôles supplémentaires.** — Les personnes omises au rôle primitif et celles qui seraient redevables d'un supplément de droits pourront être imposées par voie de rôles supplémentaires [3].

---

*

APPENDICE. — **Situation des étrangers en France au point de vue des impôts projetés.**

257. — **Impôt général sur les revenus.** — Tous les revenus produits en France et dont profiteront des étrangers, à raison, notamment, de propriétés foncières, de capitaux mobiliers, ou de professions exercées en France tomberont sous les impôts des catégories correspondantes, au même titre que les revenus appartenant à des Français.

258. — **Impôt complémentaire.** — Les étrangers seront assujettis, d'autre part, à l'impôt complémentaire, soit qu'ils aient leur domicile réel en France, soit qu'ils y aient une simple *résidence*. Toutefois, la résidence nécessaire pour assujettir l'étranger à l'impôt complémentaire ne sera constituée que par le fait qu'il a une habitation à sa disposition, à titre de propriétaire

---

[1] Article 75. — Comp. les délais de prescription édictés par cet article avec ceux établis en matière d'impôt général sur les revenus : n° 139, page 49, n° 174, page 61, n° 229, page 79.

[2] V. la note 4, page 33.

[3] Article 76.

ou de locataire. Encore, dans ce dernier cas, sera-t-il nécessaire que la location soit contractée pour une période continue d'au moins une année [1].

259. — Les étrangers ayant leur domicile réel en France seront soumis à l'impôt complémentaire sur les mêmes bases que les Français. Ceux qui n'auront en France qu'une simple résidence [2] seront imposés à raison d'un revenu égal à *sept fois la valeur locative réelle* [3] de cette résidence. Ainsi, c'est le chiffre du loyer qui servira de base à la détermination du revenu imposable. On ne pouvait songer, en effet, à connaître l'ensemble des revenus des étrangers par les méthodes fiscales que le projet prévoit pour les contribuables régnicoles. Ce qu'il importe de savoir, d'ailleurs, c'est la portion de leurs revenus que ces étrangers viennent dépenser en France. Cette portion, on l'évaluera à l'aide d'une présomption légale, fondée sur le loyer.

260. — Toutefois, ce système de présomption légale ne saurait être conservé lorsque, en totalisant les revenus que l'étranger tire de propriétés, exploitations ou professions sises ou exercées en France (revenus soumis, d'ailleurs, à l'impôt cédulaire, et connus par cela même), on obtient un chiffre plus élevé que le revenu imposable décelé par le chiffre du loyer.

---

[1] « Le Gouvernement et la Commission sont d'accord, a déclaré M. le Rapporteur, pour subordonner l'application aux étrangers résidant en France de la taxe d'habitation que prévoit le projet, aux conditions auxquelles est subordonnée à l'heure actuelle, à l'égard de ces mêmes étrangers, l'application de l'impôt mobilier. A cet égard, en vertu de la jurisprudence du Conseil d'Etat, il ne faut pas qu'il y ait une solution de continuité dans la libre disposition des locaux d'une année à l'autre : la location de saison ne permet donc pas l'imposition, même si elle se renouvelle d'année en année, même si elle dure près d'une année entière » (Séance du 26 janvier 1909).

[2] Cette catégorie comprend non seulement les étrangers, mais encore les Français domiciliés en pays étranger pour l'exercice d'une profession. A ces Français qui payent des impôts à l'étranger, on ne peut faire payer intégralement l'impôt complémentaire (Déclaration du ministre des Finances, séance du 2 février 1909).

[3] Article 65. — La valeur locative dont il s'agit est celle de l'appartement lui-même, et non pas la valeur de la location meublée qui fait souvent l'objet de la convention (Déclaration du ministre des Finances, séance du 2 février 1909).

Dans ce cas, c'est le chiffre obtenu par la totalisation des revenus qui servira de base à l'impôt[1].

261. — Exemptions et abattements. — Les exemptions et abattements prévus pour l'application de l'impôt complémentaire en général[2] sont déclarés applicables aux étrangers domiciliés ou résidant en France.

[1] Article 65. — « Grâce à cet ensemble de dispositions, lit-on dans le Rapport, les étrangers qui viennent dépenser chez nous une partie de leur fortune se verront demander la juste contribution qu'ils doivent à l'Etat français pour les avantages qu'il leur procure ; mais ils échapperont à toute gêne, quelque légère qu'elle soit ».

[2] V. n°⁵ 235 et s., page 81.

TABLEAUX

des charges qui résulteront de l'impôt général sur les revenus et de l'impôt complémentaire.

Les tableaux ci-dessous permettront au contribuable de connaître l'impôt qu'il payera pour un revenu donné, si le projet de loi voté par la Chambre est appliqué sans modifications. Il sera, toutefois, nécessaire, en consultant ces tableaux, de tenir compte des observations suivantes :

I. — On peut établir parmi les contribuables quatre catégories :

1° Le revenu *total* du contribuable provient d'*une seule des catégories* de revenus distinguées par le projet de loi (propriétés foncières, capitaux mobiliers, traitements, etc.) et il ne dépasse pas 5000 francs. — Il suffira, dans ce cas, de consulter le tableau correspondant à la catégorie de revenus dont il s'agit.

2° Le revenu total du contribuable provient d'une seule catégorie, *mais il est supérieur à* 5000 *francs*. — On devra ajouter à l'impôt de catégorie l'impôt complémentaire, tel qu'il ressort du tableau de la page 97.

3° Le revenu total du contribuable se compose de revenus de *diverses catégories*, et il ne dépasse pas 5000 francs. — Il y a lieu d'additionner les impôts afférents à chaque revenu.

5° Le revenu *total* du contribuable se compose de revenus de différentes catégories, *et il est supérieur à* 5000 *francs*. — On ajoutera l'impôt complémentaire à la somme des impôts de catégorie.

II.— Il n'a pas été tenu compte, pour l'établissement des tableaux, de la charge supplémentaire qui résultera pour les contribuables des impôts locaux (centimes additionnels départementaux et communaux)[1]. On pourra se baser, en vue d'un calcul *approximatif*, sur la règle généralement admise que les impôts locaux représentent une charge *sensiblement égale* à celle de l'impôt d'État.

[1] V. les n°⁵ 46 et suivants, page 17.

IMPOT GÉNÉRAL SUR LES REVENUS

1ʳᵉ CATÉGORIE. — Revenus des propriétés bâties.

A) *Maisons d'habitation.*

Valeur locative	Revenu imposable	Impôt	Valeur locative	Revenu imposable	Impôt
1.000	750	30	9.000	6.750	270
1.500	1.125	45	10.000	7.500	300
2.000	1.500	60	11.000	8.250	330
2.500	1.875	75	12.000	9.000	360
3.000	2.250	90	13.000	9.750	390
3.500	2.625	105	14.000	10.500	420
4.000	3.000	120	15.000	11.250	450
4.500	3.375	135	20.000	15.000	600
5.000	3.750	150	25.000	18.750	750
6.000	4.500	180	50.000	37.500	1.500
7.000	5.250	210	75.000	56.250	2.250
8.000	6.000	240	100.000	75.000	3.000

B) *Usines.*

Valeur locative	Revenu imposable	Impôt	Valeur locative	Revenu imposable	Impôt
1.000	600	24	9.000	5.400	216
1.500	900	36	10.000	6.000	240
2.000	1.200	48	11.000	6.600	264
2.500	1.500	60	12.000	7.200	288
3.000	1.800	72	13.000	7.800	312
3.500	2.100	84	14.000	8.400	336
4.000	2.400	96	15.000	9.000	360
4.500	2.700	108	20.000	12.000	480
5.000	3.000	120	25.000	15.000	600
6.000	3.600	144	50.000	30.000	1.200
7.000	4.200	168	75.000	45.000	1.800
8.000	4.800	192	100.000	60.000	2.400

2e CATÉGORIE. — Revenus des propriétés non bâties.

A) *Propriétaires exploitant pour leur compte et dont le revenu total ne dépasse pas 1.250 fr.*

Valeur locative réelle	Valeur locative imposable	Impôt [1]	Valeur locative réelle	Valeur locative imposable	Impôt
781 25	625	0	1.250	1.000	7 50
800	640	0 30	1.300	1.040	8 70
900	720	1 90	1.400	1.120	11 10
1.000	800	3 50	1.500	1.200	13 50
1.100	880	5 10	1.562 50	1.250	14
1.200	960	6 70			

B) *Propriétaires exploitant pour leur compte et dont le revenu total est supérieur à 1.250 fr., mais ne dépasse pas 5.000 fr.*

Valeur locative réelle	Valeur locative imposable	Impôt	Valeur locative réelle	Valeur locative imposable	Impôt
781 25	625	6 25	1.500	1.200	19 75
800	640	6 55	1.562 50	1.250	21 25
900	720	8 15	2.000	1.600	35 25
1.000	800	9 75	3.000	2.400	67 25
1.100	880	11 35	4.000	3.200	99 25
1.200	960	12 95	5.000	4.000	131 25
1.250	1.000	13 75	6.000	4.800	163 25
1.300	1.040	14 95	6.250	5.000	171 25
1.400	1.120	17 35			

[1] On a supposé que les déductions dont bénéficient les propriétaires ayant un revenu compris entre 1.250 et 5.000 fr., sont applicables ici. V. la note 1, page 33.

c) *Propriétaires n'exploitant pas pour leur compte ou dont le revenu total dépasse 5.000 fr.*

Valeur locative réelle	Valeur locative imposable	Impôt	Valeur locative réelle	Valeur locative imposable	Impôt
500	400	16	8.000	6.400	256
625	500	20	9.000	7.200	288
1.000	800	32	10.000	8.000	320
1.250	1.000	40	11.000	8.800	352
1.500	1.200	48	12.000	9.600	384
2.000	1.600	64	13.000	10.400	416
2.500	2.000	80	14.000	11.200	448
3.000	2.400	96	15.000	12.000	480
3.500	2.800	112	20.000	16.000	640
4.000	3.200	128	25.000	20.000	800
4.500	3.600	144	50.000	40.000	1.600
5.000	4.000	160	75.000	60.000	2.400
6.000	4.800	192	100.000	80.000	3.200
7.000	5.600	224			

3e CATÉGORIE. — Revenus des capitaux mobiliers [1].

Revenu	Impôt	Revenu	Impôt	Revenu	Impôt
500	20 [2]	4.500	180	14.000	560
625	25	5.000	200	15.000	600
1.000	40	6.000	240	20.000	800
1.250	50	7.000	280	25.000	1.000
1.500	60	8.000	320	50.000	2.000
2.000	80	9.000	360	75.000	3.000
2.500	100	10.000	400	100.000	4.000
3.000	120	11.000	440	200.000	8.000
3.500	140	12.000	480	500.000	20.000
4.000	160	13.000	520	1.000.000	40.000

[1] Et des rentes, même ayant un caractère alimentaire, lorsque, dans ce dernier cas, elles dépassent 5.000 fr.

[2] Il y a lieu de tenir compte, en outre, des règles exposées au n° 140, concernant les taxes de remplacement des droits de timbre et de transmission.

4ᵉ CATÉGORIE. — Bénéfices des professions industrielles et commerciales.

Revenu	Impôt	Revenu	Impôt	Revenu	Impôt
1.250[1]	6 25	6.000	119 75	15.000	434 75
1.500	7 50	7.000	154 75	20.000	609 75
2.000	13 30	8.000	189 75	25.000	875 »
2.500	19 15	9.000	224 75	50.000	1.750 »
3.000	32 25	10.000	259 75	75.000	2.625 »
3.500	45 40	11.000	294 75	100.000	3.500 »
4.000	58 50	12.000	329 75	200.000	7.000 »
4.500	71 65	13.000	364 75	500.000	17.500 »
5.000	84 75	14.000	399 75		

5ᵉ CATÉGORIE. — Revenus de l'exploitation agricole.

Valeur locative réelle	Revenu de l'exploitation	Revenu imposable	Impôt
1.000	500	0	0
2.000	1.000	0	0
3.000	1.500	250	2 50
4.000	2.000	750	7 50
5.000	2.500	1.083	17 50
6.000	3.166	1.582	32 50
7.000	3.832	1.748	52 45
8.000	4.500	2.416	72 50
9.000	5.166	3.082	92 50
10.000	5.832	3.748	113 45
11.000	6.500	4.416	132 50
12.000	7.166	5.082	152 50
13.000	7.832	7.833	235 »
14.000	8.500	8.500	255 »
15.000	9.166	9.166	275 »
20.000	12.500	12.500	375 »
25.000	15.832	15.832	475 »
50.000	32.500	32.500	975 »
100.000	65.832	65.832	1.975 »

[1] Toute personne dont le revenu total ne dépasse pas 1.250 fr. a droit à l'exemption complète d'impôt sur son revenu de la 4ᵉ catégorie (art. 34).

6e CATÉGORIE. — Traitements publics et privés, salaires, pensions.

A) *Salaires* [1].

Montant du salaire	Revenu imposable	Communes jusqu'à 10.000 hab.	Communes de 10.001 à 100.000 habitants	Communes au-dessus de 100.000 habitants	Départ' de la Seine
1.000	666 66	0	0	0	0
1.500	1.000 »	0	0	0	0
2.000	1.333 33	0	0	0	0
2.500	1.666 66	0 85	0	0	0
3.000	2.000 »	2 50	0	0	0
3.500	2.333 33	4 20	1 70	0	0
4.000	2.666 66	5 85	3 35	0 85	0
4.500	3.000 »	7 50	5 »	2 50	0

B) *Traitements.*

Montant du traitement	Communes jusqu'à 10.000 hab.	Communes de 10.001 à 100.000 hab.	Communes au-dessus de 100.000 hab.	Départ' de la Seine
2.500	5 »	2 50	0	0
3.000	7 50	5 »	2 50	0
3.500	10 »	7 50	5 »	2 50
4.000	12 50	10 »	7 50	5 »
4.500	15 »	12 50	10 »	7 50
5.000	17 50	15 »	12 50	10 »
6.000	37 50	27 50	20 »	15 »
7.000	65 »	50 »	37 »	27 50
8.000	95 »	80 »	65 »	50 »
9.000	125 »	100 »	95 »	80 »
10.000	155 »	140 »	125 »	100 »
15.000	305 »	290 »	275 »	260 »
20.000	455 »	440 »	425 »	410 »

[1] Et petits traitements assimilables aux salaires.

c) *Pensions* [1].

Montant de la pension	Impôt	Montant de la pension	Impôt	Montant de la pension	Impôt
1.250	0	2.500	6 25	4.500	17 50
1.500	1 25	3.000	8 75	5.000	23 75
1.800	2 75	3.500	11 25	5.500	32 50
2.000	3 75	4.000	13 75	6.000	43 75

7e CATÉGORIE. — Revenus des professions libérales.

Montant du revenu	Communes jusqu'à 10.000 hab.	Communes de 10.000 à 100.000 h.	Communes au-dessus de 100.000 h.	Départ' de la Seine
1.000	0	0	0	0
1.500	0	0	0	0
2.000	2 50	0	0	0
2.500	5 »	2 50	0	0
3.000	7 50	5 »	2 50	0
4.000	12 50	10 »	7 50	5 »
5.000	20 »	15 »	12 50	10 »
6.000	37 50	27 50	20 »	15 »
7.000	65 »	50 »	37 50	27 50
8.000	95 »	80 »	65 »	50 »
9.000	125 »	110 »	95 »	80 »
10.000	155 »	140 »	125 »	110 »
15.000	305 »	290 »	275 »	260 »
20.000	455 »	440 »	425 »	410 »

[1] Les rentes ayant le caractère alimentaire sont taxées comme les pensions lorsqu'elles n'excèdent pas 5.000 francs. Lors, au contraire, qu'elles dépassent ce chiffre, elles supportent l'impôt de la 3e catégorie (Art. 16).

IMPOT COMPLÉMENTAIRE

Revenu total	Impôt	Revenu total	Impôt
5.000	0	21.000	340
6.000	10	22.000	380
7.000	20	23.000	420
8.000	30	24.000	460
9.000	40	25.000	500
10.000	50	30.000	750
11.000	70	40.000	1.250
12.000	90	50.000	1.750
13.000	110	75.000	2.000
14.000	130	100.000	4.250
15.000	150	125.000	5.500
16.000	180	150.000	6.750
17.000	210	200.000	9.250
18.000	240	300.000	13.750
19.000	270	500.000	24.250
20.000	300	1.000.000	49.250

PROJET DE LOI

PORTANT SUPPRESSION DES CONTRIBUTIONS DIRECTES

ET ÉTABLISSEMENT

D'UN IMPOT GÉNÉRAL SUR LES REVENUS

ET D'UN IMPOT COMPLÉMENTAIRE SUR L'ENSEMBLE

DU REVENU

Voté par la Chambre des Députés le 9 mars 1909

———————×———————

Art. 1er. — Cesseront d'être perçues, pour le compte de l'Etat, à dater de la mise en vigueur de la présente loi :

1o La contribution foncière des propriétés bâties ;
2o La contribution foncière des propriétés non bâties ;
3o La contribution personnelle-mobilière ;
4o La contribution des portes et fenêtres ;
5o La contribution des patentes.

Art. 2. — En remplacement de ces diverses contributions, il est établi un impôt général sur les revenus de toutes catégories, auquel il est ajouté un impôt complémentaire sur l'ensemble du revenu de chaque chef de famille.

TITRE PREMIER

De l'impôt général sur les revenus.

Art. 3. — Les revenus imposables sont répartis en sept catégories, savoir :
1º Revenus des propriétés foncières bâties ;
2º Revenus des propriétés foncières non bâties ;
3º Revenus des capitaux mobiliers ;
4º Bénéfices du commerce, de l'industrie et des charges et offices ;
5º Bénéfices de l'exploitation agricole ;
6º Traitements publics et privés, salaires et pensions ;
7º Revenus des professions libérales et de toutes occupations lucratives non dénommées dans les précédentes catégories.

Art. 4. — En ce qui concerne les revenus autres que ceux des capitaux mobiliers, l'assiette et la perception de l'impôt sont faites annuellement par voie de rôles nominatifs établis, publiés et recouvrés comme en matière de contributions directes.

Les réclamations auxquelles ces rôles peuvent donner lieu sont également présentées, instruites et jugées comme en matière de contributions directes. Toutefois, ces réclamations sont jugées en audiences non publiques.

Art. 5. — Les taxes atteignant les revenus des capitaux mobiliers sont assises et perçues dans les conditions spéciales indiquées aux articles 16 à 29 ci-après.

Du taux de l'impôt dans chaque catégorie.

Art. 6. — Le taux de l'impôt est fixé à 4 0/0 dans les 1ʳᵉ, 2ᵉ et 3ᵉ catégories ; à 3,50 0/0 dans la 4ᵉ ; à 3 0/0 dans les 5ᵉ, 6ᵉ et 7ᵉ.

De l'assiette de l'impôt dans chaque catégorie.

1re CATÉGORIE. — *Revenus des propriétés bâties.*

Art. 7. — L'impôt sur le revenu des propriétés bâties est établi conformément aux dispositions des lois des 8 août 1885 (art. 35), 8 août 1890, 13 juillet 1900 (art. 2) et 12 avril 1906, en tant qu'elles visent la contribution foncière.

Il porte sur toutes les propriétés bâties, à l'exception de celles qui remplissent la triple condition : 1º d'appartenir à l'Etat, aux départements, aux communes ou aux établissements publics ; 2º d'être affectées à un service d'utilité générale ; 3º d'être improductives de revenus.

Lorsque, par application des dispositions de la loi du 8 août 1890, il y aura lieu de procéder à la revision des évaluations de la propriété bâtie, le contrôleur effectuera ce travail avec l'assistance du maire, du percepteur et de cinq propriétaires fonciers, dont au moins deux forains, désignés par le préfet, qui les choisit sur une liste de dix noms proposés par le conseil municipal.

2e CATÉGORIE. — *Revenus des propriétés non bâties.*

Art. 8. — Sont imposables dans la 2e catégorie toutes les propriétés non bâties, à l'exception de celles qui se trouvent dans les conditions prévues, pour les propriétés bâties, au deuxième paragraphe de l'article précédent.

Art. 9. — L'impôt est établi au nom des propriétaires dans les communes où sont situées les propriétés imposables. Il est calculé sur la valeur locative réelle de ces propriétés, évaluée comme il est indiqué à l'article 3 de la loi du 31 décembre 1907, déduction faite du cinquième de ladite valeur locative.

Art. 10. — Les évaluations servant de base à l'impôt sur le revenu des propriétés non bâties seront revisées tous les dix ans. Elles ne pourront être modifiées au cours de la période décennale que dans le cas visé au deuxième paragraphe de l'article 12 et dans le cas d'accroissements ou de pertes de matière imposable.

Art. 11. — Lors des revisions décennales prévues par le précédent article, la valeur locative des propriétés non bâties, ainsi que la désignation des contenances par nature de culture et par lieux-dits des immeubles, seront déterminées, dans chaque commune, par le contrôleur des contributions directes, assisté du percepteur, du maire et de cinq classificateurs propriétaires fonciers, dont au moins deux forains, désignés par le préfet, qui les choisit sur une liste de dix noms proposés par le conseil municipal.

Le contrôleur adressera au contribuable un avis lui faisant connaître l'évaluation de la valeur locative, la désignation des contenances par nature de culture et par lieux-dits des immeubles non bâtis existant à son nom dans la commune. Il l'avertira en même temps qu'il est admis à réclamer contre l'évaluation et les désignations susdites.

Art. 12. —·Le délai de réclamation est ouvert pendant six mois à dater de la publication du premier rôle dans lequel les résultats de la nouvelle évaluation ont été appliqués et pendant trois mois à partir de la publication des deux rôles suivants.

En ce qui concerne les rôles subséquents, tous les propriétaires sont admis à réclamer relativement à la valeur locative, pendant les trois mois de la publication de chaque rôle, lorsque cette valeur a subi une baisse notable et durable par suite d'événements imprévus indépendants de la volonté des intéressés et affectant le fond même du terrain.

En outre, des remises et modérations d'impôt pourront être accordées, pour un délai d'un an renouvelable pendant cinq ans, dans les conditions prévues par la loi du 15 septembre 1807.

De plus, ces remises ou modérations seront allouées, en cas de dommages ou de pertes survenant à la suite de maladies cryptogamiques ou autres calamités, telles que : oïdium, phylloxera, mouches de l'olive, maladies des vers à soie, invasion des campagnols, épizooties, etc.

Dans le cas de phylloxera, la remise se continuera pendant les cinq années nécessaires à la reconstitution.

Art. 13. — Les propriétaires fonciers qui exploitent pour leur compte ont droit aux dégrèvements ci-après :

1º Dans le cas où leur revenu total ne dépasse pas 1 250 francs :

Exemption complète d'impôt sur le revenu de la 2e catégorie jusqu'à concurrence d'un revenu de 625 francs ;

2º Dans le cas où leur revenu total est supérieur à 1 250 francs, sans excéder 5 000 francs :

Dégrèvement des 3/4 sur la fraction de leur revenu de la 2e catégorie comprise entre 0 et 625 francs ;

De 1/2 entre 626 et 1 000 francs ;

De 1/4 entre 1 001 et 1 250 francs.

Pour l'application des dégrèvements établis ci-dessus, la valeur locative de l'habitation du contribuable, si elle est inférieure à 80 francs, ne sera pas comprise dans le compte du revenu.

Art. 14. — Pour obtenir le bénéfice de ces dégrèvements, les contribuables doivent faire annuellement une déclaration de toutes leurs propriétés non bâties, avec l'indication des localités où elles sont situées, et du revenu imposable y afférent. Cette déclaration sera reçue, soit à la mairie, soit à la perception des contributions directes du domicile réel des contribuables, dans le délai d'un mois à partir de la publication du dernier des rôles dans lesquels ils sont imposés pour des revenus de la 2e catégorie.

Ils doivent affirmer, en outre, dans cette déclaration :

1º Que l'exploitation de leurs propriétés est effectuée par eux-mêmes ou pour leur compte ;

2º Que le total de leurs revenus de toutes catégories n'excède pas 1 250 francs dans le cas prévu au paragraphe 1er de l'article précédent, ou 5 000 francs dans le cas prévu au paragraphe 2 du même article.

Dans le cas prévu au paragraphe 1er de l'article précédent,

les revenus de la 6ᵉ catégorie n'entreront pas en compte dans le calcul du revenu total, lorsqu'ils n'excèderont pas 300 francs.

Art. 15. — Quiconque aura sciemment, au moyen d'une fausse déclaration, obtenu ou tenté d'obtenir les dégrèvements prévus par l'article 13 ci-dessus, sera passible d'une amende de cinquante à cent francs (50 à 100 francs), qui pourra être portée au double en cas de récidive.

L'amende sera prononcée par le conseil de préfecture, statuant comme il est indiqué au deuxième paragraphe de l'article 4 ; ce tribunal sera saisi des fausses déclarations par le directeur des contributions directes. La prescription ne sera acquise qu'après cinq années, à dater du jour de la déclaration.

3ᵉ Catégorie. — *Revenus des capitaux mobiliers.*

Art. 16. — L'impôt sur le revenu des capitaux mobiliers s'applique aux dividendes, intérêts, arrérages et tous autres produits :

1º Des actions, parts de fondateur, obligations, parts d'intérêts, commandites et emprunts de toute nature des sociétés et collectivités françaises et étrangères, désignées respectivement dans les articles 1ᵉʳ à 4 de la loi du 29 juin 1872, ainsi que des rentes, emprunts et autres effets publics des colonies françaises ;

2º Des rentes, obligations et autres effets publics émis par l'Etat français et par les Etats étrangers ;

3º Des créances hypothécaires, privilégiées et chirographaires, à l'exclusion de toute opération commerciale ne présentant pas le caractère juridique d'un prêt ;

4º Des dépôts de sommes d'argent, à vue ou à échéance fixe, quel que soit le dépositaire et quelle que soit l'affectation du dépôt ;

5º Des cautionnements en numéraire ;

6º Des rentes de toute nature, sauf celles qui, n'excédant pas 5 000 francs et ayant le caractère alimentaire, seront taxées dans les conditions établies à l'article 39.

Sont toujours considérées comme ayant le caractère alimentaire les rentes viagères servies par la Caisse nationale des retraites et les rentes constituées par application des lois sur les accidents du travail.

Il s'applique, en outre, aux bénéfices qui, par suite de dispositions statutaires, sont distribués aux administrateurs, directeurs ou gérants des sociétés, compagnies et entreprises désignées à l'article 1er de la loi du 29 juin 1872.

Art. 17. — Sont affranchis de l'impôt sur le revenu :

1o Les intérêts des sommes inscrites sur les livrets des caisses d'épargne ;

2o Les intérêts des créances hypothécaires ou privilégiées en représentation desquelles les sociétés ou compagnies autorisées par le Gouvernement à faire des opérations de crédit foncier ont émis des obligations, titres ou valeurs soumis eux-mêmes à l'impôt sur le revenu ;

3o Les intérêts de rentes, obligations et autres effets publics émis par l'Etat français, qui seront immatriculés au nom :

De la Caisse des dépôts et consignations, pour son compte ou pour le compte des caisses dont elle a la gestion ;

De la Caisse nationale d'épargne ;

De la Caisse des offrandes nationales ;

Des institutions de retraites reconnues d'utilité publique ou approuvées par l'Etat ;

Des établissements de bienfaisance publics ou reconnus d'utilité publique ;

Des départements et des communes, pour les rentes dont les arrérages sont affectés, par la volonté expresse des donateurs ou testateurs, à des œuvres d'assistance ;

Des caisses régionales de crédit agricole ;

Des caisses locales de crédit agricole et des sociétés d'assurances mutuelles agricoles constituées aux termes de la loi du 4 juillet 1900 ;

Des contribuables dont le revenu en rentes ne dépasse pas 625 francs, ni le revenu total 1 250 francs.

Art. 18. — Pour obtenir le bénéfice des dispositions prévues au dernier alinéa de l'article précédent, le contribuable doit, dans les trois premiers mois de chaque année, adresser au contrôleur des contributions directes de son domicile réel une demande appuyée des pièces de nature à justifier de ses droits.

Toute fausse déclaration sera poursuivie dans la forme prévue par l'article 15 et donnera lieu à l'application des pénalités portées par ledit article.

Art. 19. — L'impôt est liquidé sur le montant brut des intérêts, dividendes, arrérages ou produits des valeurs désignées par l'article 16 ci-dessus ; il est perçu par voie de prélèvement sur ces intérêts, arrérages ou produits au moment même de leur payement, sauf les exceptions prévues à l'article 21 ci-après.

Art. 20. — L'impôt sur le revenu des valeurs mobilières françaises, visées au paragraphe 1er de l'article 16 ci-dessus, sera assis et perçu, sans exception ou modification d'aucune sorte, sur les bases et dans les conditions établies ou réglées par les lois des 29 juin 1872 et 21 juin 1875 et les lois subséquentes.

Les dispositions de ces mêmes lois, relatives aux valeurs mobilières étrangères, sont abrogées et remplacées par les articles 22 et suivants de la présente loi.

Il n'est pas dérogé aux articles 3 et 4 de la loi du 28 décembre 1880, 9 de la loi du 29 décembre 1884, 4 de la loi du 26 décembre 1890 et 20 de la loi du 25 février 1901.

Art. 21. — Pour les créances hypothécaires, privilégiées et chirographaires, pour les dépôts et cautionnements en numéraire, ainsi que pour les rentes viagères servies par des particuliers ou par des sociétés ou associations non soumises aux vérifications des agents de l'enregistrement, la retenue de l'impôt est opérée au moyen de l'apposition de timbres mobiles sur la quittance ou tout autre écrit constatant le payement ou l'inscription au crédit d'un compte des intérêts, arrérages ou tous autres produits.

Le droit est à la charge exclusive du créancier, nonobstant toute clause contraire, quelle qu'en soit la date ; toutefois, le créancier et le débiteur en sont tenus solidairement.

Toute infraction aux dispositions du présent article sera punie d'une amende de cinquante francs (50 fr.) à la charge de chacun des contrevenants, indépendamment du payement par le créancier d'une somme égale au quintuple des droits fraudés.

Art. 22. — Pour les actions, obligations, titres d'emprunts, quelle que soit d'ailleurs leur dénomination, des sociétés, compagnies, entreprises, corporations, villes, provinces étrangères et tout autre établissement public étranger, ainsi que pour les titres de rentes, emprunts et autres effets publics des gouvernements étrangers, la retenue de l'impôt est opérée par le banquier, changeur, ou toute autre personne qui effectue en France le payement des intérêts, arrérages ou tous autres produits.

Art. 23. — Quiconque fait profession ou commerce habituel de recueillir, encaisser, payer ou acheter des coupons, chèques ou tous autres instruments de crédit créés pour le payement des dividendes, intérêts, arrérages ou produits quelconques des titres ou valeurs désignés dans l'article précédent, doit en faire la déclaration au bureau de l'enregistrement de sa résidence.

Il est interdit aux banquiers, escompteurs, changeurs, agents de change, huissiers, receveurs de rentes, et d'une manière générale à tous ceux que désigne le premier alinéa du présent article, de recueillir, encaisser, payer, acheter ou négocier les coupons, chèques ou autres instruments de crédit visés par ledit alinéa, sans opérer immédiatement la retenue de l'impôt ou sans en faire l'avance, si, par suite de contrats existants, l'impôt est à la charge de l'émetteur du titre, à moins qu'il ne leur soit justifié que cette retenue ou cette avance a déjà été effectuée par un précédent intermédiaire soumis aux prescriptions du présent article et des articles suivants.

Art. 24. — Toute personne qui demandera en France le payement de ces coupons, chèques ou instruments de crédit devra déposer, en même temps et à l'appui, un bordereau daté, mentionnant le nombre, la nature et la valeur des coupons, chèques ou instruments de crédit à payer.

Celui qui effectuera le payement devra inscrire immédiatement sur ce bordereau le montant de l'impôt qu'il aura retenu ou avancé, et le numéro du registre dont il sera question à l'article 26 ci-après, sous lequel il aura pris en charge cet impôt.

La partie prenante pourra exiger la remise d'un récépissé rappelant le nombre, la nature et la valeur des coupons, chèques ou instruments de crédit, la date de leur payement, le montant de l'impôt retenu et le numéro du registre sus-indiqué.

Art. 25. — Les personnes désignées dans l'article 23, qui négocieront en France des coupons, chèques ou autres instruments de crédit sur lesquels l'impôt aura déjà été retenu, soit par elles-mêmes, soit par un précédent intermédiaire, devront y joindre, à l'appui de chaque transmission, un bordereau daté, signé et mentionnant le nombre, la nature et la valeur des coupons, chèques ou instruments de crédit à encaisser ou négocier, ainsi que le montant de l'impôt retenu ou avancé, la désignation de la personne qui a opéré cette retenue, la date et le numéro du registre spécial sous lequel l'impôt a été pris en charge.

Art. 26. — Ces mêmes personnes devront tenir deux registres en papier non timbré, cotés et paraphés, sur lesquels elles inscriront jour par jour, sans blancs ni interlignes, pour chaque déposant, vendeur ou correspondant, et par nature de valeurs, toute opération de payement ou de négociation de coupons, chèques ou autres instruments de crédit sujets à la retenue de l'impôt : le premier de ces registres ne comprendra que les opérations ayant donné lieu à une retenue directe et effective ou à une avance de l'impôt; le second s'appliquera aux négociations ultérieures de coupons, chèques ou autres instruments de crédit sur lesquels l'impôt aura été prélevé ou avancé par un précédent intermédiaire.

Les registres et les bordereaux seront conservés pendant deux ans et représentés à toutes réquisitions aux agents de l'enregistrement.

Les banquiers, changeurs, escompteurs, et généralement toutes personnes faisant profession d'acheter ou de vendre des coupons pourront obtenir sur leur demande, pour les indemniser des frais que peuvent leur occasionner les obligations résultant pour eux des articles 24 à 26, l'allocation de remises qui ne pourront excéder 1 franc par 100 francs du montant total de l'impôt prélevé ou avancé sur le revenu des valeurs mobilières étrangères.

Un règlement d'administration publique déterminera les époques de versement de l'impôt, les indications que devront contenir les bordereaux et les registres, le mode de répartition des remises prévues à l'alinéa précédent, ainsi que toutes les autres mesures nécessaires pour le contrôle de la présente catégorie.

Art. 27. — Le propriétaire ou usufruitier de titres ou valeurs mobilières étrangères, domicilié en France, qui, pour quelque cause que ce soit, aura reçu ou encaissé à l'étranger, soit directement, soit par un intermédiaire quelconque, les dividendes, intérêts, arrérages ou tous autres produits de ces valeurs, devra, dans les trois premiers mois de l'année, souscrire au bureau de l'enregistrement la déclaration du montant total de ces dividendes, intérêts, arrérages ou produits encaissés au cours de l'année précédente et acquitter la taxe sur ce total. Cette déclaration sera faite, si le contribuable est assujetti à l'impôt complémentaire, sur la formule même prévue pour ce dernier impôt à l'article 68.

Lorsque l'Administration aura eu connaissance d'une infraction aux prescriptions contenues dans l'alinéa précédent, le contrevenant sera puni d'une amende égale à la moitié des revenus encaissés à l'étranger et non déclarés, indépendamment d'une cotisation égale au triple des sommes dont le Trésor a été privé pour chacune des années antérieures à celle de la découverte de la dissimulation, sans toutefois que le droit de répétition puisse s'étendre à plus de dix années.

Art. 28. — Les contraventions aux prescriptions contenues dans l'article 23 et au règlement à intervenir en exécution de cet article pourront être constatées, en toute circonstance, au moyen de procès-verbaux dressés par les agents de l'enregistrement, les officiers de police judiciaire, les agents de la force publique, ceux des contributions directes, des contributions indirectes et des douanes.

Elles donneront lieu à des poursuites correctionnelles engagées à la requête de l'administration de l'enregistrement, et seront punies d'une amende de cent à mille francs (100 à 1 000 francs), indépendamment du quintuple droit sur les coupons, chèques, instruments de crédit, qui auraient été payés sans retenue de l'impôt.

Le produit des amendes prévues par le présent article sera réparti dans des conditions à déterminer par décret.

Les contraventions aux articles 24 à 26 et au règlement à intervenir en exécution de ces articles seront constatées et poursuivies comme en matière d'impôts sur les opérations de bourse et punies d'une amende de cent à dix mille francs (100 à 10 000 francs).

En cas de récidive pour la troisième fois, les contrevenants seront passibles d'un emprisonnement de huit jours à six mois.

Art. 29. — Le recouvrement de l'impôt sur le revenu des valeurs mobilières sera assuré et les instances seront introduites et jugées comme en matière d'enregistrement, sous réserve de la procédure à suivre en ce qui concerne les contraventions visées au premier alinéa de l'article précédent.

Les dispositions de l'article 21 de la loi du 26 juillet 1893 seront applicables aux actions respectives du Trésor et des redevables, sauf le cas prévu à l'article 27.

4e CATÉGORIE. — *Bénéfices des professions industrielles et commerciales.*

Art. 30. — L'impôt sur les bénéfices des professions industrielles et commerciales, ainsi que des charges et offices, est établi annuellement, à raison du revenu moyen des trois années précédentes.

A l'égard des établissements ayant moins de trois ans d'existence, le revenu moyen est calculé en tenant compte des résultats obtenus depuis l'ouverture de l'établissement.

Le revenu imposable est constitué par l'excédent des recettes brutes sur les dépenses et les amortissements inhérents à l'exercice de la profession. La valeur locative des locaux affectés à l'exploitation du commerce ou de l'industrie sera, dans tous les cas, déduite des recettes brutes.

Les intéressés sont invités par voie d'affiches à déclarer au contrôleur des contributions directes le montant du revenu moyen, tel qu'il est défini au paragraphe précédent, obtenu par eux pendant les trois années précédentes. Toutefois, cette déclaration n'est obligatoire que pour les contribuables d'un revenu total supérieur à 5 000 francs. Ils sont avertis par un avis spécial adressé à chacun d'eux sous pli recommandé et rappelant le délai dans lequel la déclaration devra être envoyée. Le défaut de déclaration dans le délai prescrit, et sans excuse valable admise par le conseil de préfecture, entraîne une amende égale au quart de l'impôt.

Si le contrôleur accepte la déclaration pour vraie, elle fixe la base de l'imposition. S'il la juge inexacte, il invite le contribuable à la modifier dans un délai de vingt jours, à dater de son avis. Si, passé ce délai, l'accord n'a pu s'établir, le contrôleur procède à une évaluation d'office. L'évaluation et la déclaration seront soumises à la procédure prévue par l'article 4.

Devant les tribunaux administratifs, le contrôleur justifie son évaluation à l'aide des éléments d'information dont il dispose, spécialement ceux résultant des actes, jugements, déclarations, bordereaux, documents administratifs, pièces ou titres parvenus à la connaissance de l'un quelconque des services publics conformément aux lois existantes.

Le contribuable, de son côté, peut contredire à l'évaluation soutenue par l'Administration par tous moyens et par tous documents jugés par lui probants. En aucun cas, même si une expertise est ordonnée, le tribunal ne pourra exiger la production des livres de commerce.

La taxe est doublée, mais seulement sur la portion du revenu dissimulée, à l'égard du contribuable qui a déclaré un revenu trop faible ; toutefois, le double droit n'est appliqué que si l'insuffisance est reconnue supérieure au cinquième du revenu réel ou si elle dépasse 10 000 francs.

A défaut de déclaration, le contrôleur procède à une évaluation d'office ; il la communique à l'intéressé, qui a vingt jours pour présenter et faire valoir ses observations. Si l'accord ne peut se faire dans ce délai, le recours, qui doit dès lors être appuyé de la déclaration réglementaire, est ouvert contre l'évaluation de l'Administration dans les formes prévues aux paragraphes précédents.

Lorsque l'évaluation du revenu imposable a été définitivement établie dans les conditions prévues au présent article, les contribuables qui en font la demande peuvent, d'accord avec l'Administration, être admis à contracter, sur les bases de ladite évaluation, un abonnement valable pour une période de trois années.

Art. 31. — Au cas où un jugement, une vente, une cession de fonds de commerce, une déclaration de succession ou tout acte susceptible de faire foi en justice permettrait à l'Administration d'établir qu'à la suite d'une déclaration fausse un contribuable a été insuffisamment taxé, une amende égale au cinquième du revenu dissimulé sera appliquée au contrevenant ou à ses héritiers.

Cette amende sera prononcée à la diligence de l'administration des Contributions directes par le conseil de préfecture, sauf recours au Conseil d'Etat.

L'action de l'Administration sera prescrite à l'expiration de deux années à partir du jour où elle a été mise à même d'avoir connaissance de la fraude, et, dans tous les cas, dans un délai de dix ans à partir de la publication du rôle auquel se rapporte la déclaration incriminée.

Art. 32. — Sur le montant du revenu déterminé comme il est dit à l'article 30, et lorsque ce revenu ne dépasse pas 20 000 francs, chaque imposable n'est taxé que sur un septième de la fraction n'excédant pas 1 500 francs. Il a droit à une déduction des deux tiers sur la fraction comprise entre 1 501 et 2 500 francs, et d'un quart sur la fraction comprise entre 2 501 et 5 000 francs.

Le surplus est taxé au taux plein.

Art. 33. — L'impôt est établi au nom de l'exploitant dans la commune où l'établissement assujetti a son siège.

Art. 34. — Toute personne dont le revenu total ne dépasse pas 1 250 francs a droit à l'exemption complète d'impôt sur son revenu de la 4e catégorie.

Dans le calcul du revenu total, les revenus de la 6e catégorie n'entreront pas en compte, lorsqu'ils ne dépasseront pas 300 francs.

Art. 35. — Pour obtenir le bénéfice de cette exemption, les contribuables doivent faire annuellement, à la mairie de leur domicile réel, dans le délai d'un mois à partir de la publication du dernier des rôles dans lesquels ils sont imposés pour des revenus de la 4e catégorie, une déclaration de tous leurs établissements professionnels, avec l'indication des localités où ils sont situés et du revenu pour lequel ils sont taxés.

Ils doivent affirmer, en outre, dans cette déclaration que le total de leurs revenus de toute catégorie n'est pas supérieur à 1 250 francs, réserve faite des dispositions insérées à l'article 34 en ce qui concerne les revenus de la 6e catégorie.

Sont applicables, en cas de fausse déclaration, les sanctions prévues par l'article 15 de la présente loi.

Art. 36. — Sont imposables au titre de la 6e catégorie :

Les ouvriers travaillant chez eux ou chez les particuliers sans compagnons ni apprentis, soit qu'ils travaillent à façon, soit qu'ils travaillent pour leur compte et avec des matières à eux appartenant, qu'ils aient ou non une enseigne ou une boutique ;

Les ouvriers travaillant en chambre avec un apprenti de moins de seize ans ;

La veuve qui continue, avec l'aide d'un seul ouvrier ou d'un seul apprenti, la profession précédemment exercée par son mari ;

Les personnes qui vendent en ambulance dans les rues, dans les lieux de passage et dans les marchés, soit des fleurs, de l'amadou, des balais, des statues et figures en plâtre, soit des fruits, des légumes, des poissons, du beurre, des œufs, du fromage et autres menus comestibles ;

Les savetiers, les chiffonniers au crochet, les porteurs d'eau à la bretelle ou avec voiture à bras, les rémouleurs ambulants, les gardes-malades ;

Les pêcheurs, lors même que la barque qu'ils montent leur appartient.

Ne sont point considérés comme compagnons ou apprentis la femme travaillant avec son mari, ni les enfants non mariés travaillant avec leurs père et mère, ni le simple manœuvre dont le concours est indispensable à l'exercice de la profession.

5e Catégorie. — *Revenus de l'exploitation agricole.*

Art. 37. — Pour l'assiette de l'impôt de la 5e catégorie, le revenu de l'exploitation agricole d'une propriété est considéré comme égal :

À la moitié de la valeur locative réelle de ladite propriété, pour la fraction de cette valeur locative n'excédant pas 5 000 francs ;

Aux deux tiers de cette valeur locative, pour la fraction excédant 5 000 francs.

Sur le montant du revenu ainsi calculé, et lorsque la valeur locative réelle de l'exploitation n'excède pas 12 000 francs, chaque contribuable n'est taxé que sur la fraction supérieure à 1 250 francs.

Il a droit à une déduction :

De deux tiers sur la fraction comprise entre 1 251 et 2 000 francs ;

Et de un tiers sur la fraction comprise entre 2 001 et 3 000 francs.

L'impôt est établi dans la commune où se trouve le siège de l'exploitation, au nom du contribuable exploitant à la date du 1er janvier,

Toutefois, les assujettis qui en feront la demande seront taxés d'après le bénéfice effectif de leur exploitation calculé sur une moyenne de trois années.

Dans ce cas, il sera procédé, pour la détermination de la base d'imposition, comme il est indiqué à l'article 30 en ce qui concerne les revenus de la 4e catégorie.

Les dispositions contenues dans l'article 12 de la présente loi, touchant les réclamations, remises et modérations d'impôt, en matière de revenu des propriétés non bâties, sont également applicables au revenu provenant de l'exploitation agricole.

Art. 38. — Les parcs, jardins, avenues, pièces d'eau et tous les terrains enlevés à la culture pour le pur agrément ou spécialement aménagés en vue de la chasse, sont assujettis à l'impôt de la 5e catégorie, à raison d'un revenu déterminé suivant le mode indiqué au premier paragraphe de l'article 37, en ce qui concerne les exploitations agricoles.

L'impôt est calculé sur la totalité de ce revenu, sans déduction ni atténuation d'aucune sorte.

Sont exemptes de la taxe les personnes ayant la jouissance de terrains d'agrément dont la superficie n'excède pas un hectare et dont le revenu imposable n'est pas supérieur à 100 francs.

6e Catégorie. — *Traitements publics et privés, salaires, pensions.*

Art. 39. — Le revenu imposable au titre de la 6e catégorie comprend le montant net réel des traitements et salaires payés soit en argent, soit en nature, y compris les primes, émoluments, gratifications et avantages divers distincts du traitement ou salaire proprement dit, mais sous déduction des indemnités allouées pour dépenses de service.

Toutefois, en ce qui touche les salaires et traitements assimilables aux salaires inférieurs à 5 000 francs, le revenu imposable est réduit aux deux tiers de la somme obtenue par l'application des dispositions ci-dessus.

Les traitements ou indemnités à forme de traitement, les

salaires et pensions sont assujettis à l'impôt sur la portion de leur montant annuel dépassant, savoir :

1° Pour les pensions, la somme de 1 250 francs ;

2° Pour les traitements et salaires, la somme de :

1 500 francs, si le contribuable a son domicile réel dans une commune de 10 000 habitants et au-dessous ;

2 000 francs, si le contribuable a son domicile réel dans une commune de 10 001 à 100 000 habitants ;

2 500 francs, si le contribuable a son domicile réel dans une commune de plus de 100 000 habitants ;

3 000 francs, si le contribuable a son domicile réel dans le département de la Seine.

En outre, sur la portion ainsi taxée de son revenu, chaque titulaire de pension, traitement ou salaire a droit aux déductions suivantes :

5/6 de la fraction de cette portion taxée ne dépassant pas 3 000 francs ;

4/6 de la fraction de cette portion taxée comprise entre 3 001 et 3 500 francs ;

3/6 de la fraction de cette portion taxée comprise entre 3 501 et 4 000 francs ;

2/6 de la fraction de cette portion taxée comprise entre 4 001 et 4 500 francs ;

1/6 de la fraction de cette portion taxée comprise entre 4 501 et 5 000 francs.

Art. 40. — La portion du montant des traitements et salaires exemptée dans chaque commune pourra être majorée sur la demande qui en sera faite par le conseil municipal, sans cependant pouvoir excéder le chiffre afférent à la catégorie de population immédiatement supérieure, à charge par la commune d'effectuer sur les crédits inscrits à son budget un prélèvement, au profit de l'Etat, égal à la fraction des taxes qui cessera d'être ainsi perçue.

A Paris et dans le département de la Seine, la majoration prévue par le paragraphe précédent ne pourra excéder 1/5 du chiffre fixé par l'article 39 comme minimum exempté.

Les délibérations prises par les conseils municipaux pour l'application du présent article ne seront exécutoires qu'après avoir été, sur les propositions conformes du directeur des contributions directes, approuvées par le préfet.

Art. 41. — L'impôt est dû chaque année, à raison des revenus acquis au cours de l'année précédente. Il est établi au nom des titulaires des revenus imposables, dans les communes où ces titulaires ont leur domicile réel au 1er janvier de l'année de l'imposition.

L'imposition est établie distinctement pour les enfants et autres membres de la famille qui tirent de leur propre travail un revenu indépendant de celui du chef de famille.

Art. 42. — Sont exempts de l'impôt, pour les traitements qu'ils touchent à raison de leurs fonctions, les ambassadeurs et autres agents diplomatiques accrédités auprès de la République, ainsi que les consuls et autres agents consulaires des pays étrangers, sous la réserve que, dans ces pays, les agents diplomatiques et consulaires français soient exonérés, dans les mêmes conditions, des contributions ou taxes analogues.

Art. 43. — Tout individu et toute société ou association occupant des employés, commis, ouvriers, aides ou auxiliaires, moyennant traitements, salaires ou rétributions, sont tenus de remettre, dans le courant du mois de janvier de chaque année, au contrôleur des contributions directes, un état indiquant : 1o les noms et adresses des individus qui ont été occupés dans leur établissement au cours de l'année précédente ; 2o le montant des traitements, salaires ou rétributions payés à chacun d'eux pendant ladite année ; et 3o la période à laquelle s'appliquent ces payements, lorsque cette période est inférieure à l'année

La disposition qui précède n'est applicable toutefois qu'en ce qui concerne les employés, commis, etc., dont les traitements et salaires, calculés conformément aux prescriptions de la présente loi et ramenés à l'année, dépassent le minimum exempté dans la localité par l'article 39.

Art. 44. — Tout individu et toute société ou association payant des pensions sont tenus, dans les conditions prévues à l'article précédent, de fournir la liste des titulaires de ces pensions, lorsqu'elles dépassent 1 250 francs par an.

Art. 45. — A l'aide des renseignements qui lui sont transmis en exécution des deux articles précédents et de tous autres qu'il peut recueillir, le contrôleur fixe les revenus imposables, sans préjudice, pour les intéressés, du droit de les contester, par voie de réclamation contentieuse, après l'émission du rôle.

En cas de contestation, la charge de la preuve incombe à l'administration.

Art. 46. — Est punie d'une amende de cinq francs (5 fr.) toute infraction aux prescriptions des articles 43 et 44 ci-dessus.

L'amende est encourue autant de fois qu'il est relevé des omissions ou des inexactitudes dans les renseignements qui doivent être fournis en vertu de ces deux articles.

Le recouvrement des amendes est poursuivi au moyen de rôles spéciaux, comme en matière de contributions directes.

7ᵉ CATÉGORIE. — *Revenus des professions libérales.*

Art. 47. — L'impôt sur le revenu des professions libérales est établi annuellement à raison du revenu net réalisé pendant l'année précédente. A l'égard des contribuables exerçant leur profession depuis moins d'un an, le revenu net est calculé en tenant compte des résultats obtenus depuis la date à laquelle la profession a été entreprise.

Sur le revenu déterminé comme il est dit au paragraphe ci-dessus, il est fait, pour chaque contribuable, déduction d'une somme de :

1 500 francs, si le contribuable a son domicile réel dans une commune de 10 000 habitants et au-dessous ;

2 000 francs, si le contribuable a son domicile réel dans une commune de 10 001 à 100 000 habitants ;

2 500 francs, si le contribuable a son domicile réel dans une commune de plus de 100 000 habitants ;

3 000 francs, si le contribuable a son domicile réel dans le département de la Seine.

En outre, sur son revenu taxé, chaque imposable a droit aux déductions suivantes :

5/6 sur la fraction de son revenu ne dépassant pas 3 000 francs ;

4/6 sur la fraction de son revenu comprise entre 3 001 francs et 3 500 francs ;

3/6 sur la fraction de son revenu comprise entre 3 501 francs et 4 000 francs ;

2/6 sur la fraction de son revenu comprise entre 4 001 francs et 4 500 francs ;

1/6 sur la fraction de son revenu comprise entre 4 501 francs et 5 000 francs.

Art. 48. — L'impôt est dû dans la commune où le titulaire du revenu imposable a son domicile réel à la date du 1er janvier de l'année de l'imposition.

Art. 49. — Toute personne jouissant de revenus imposables au titre de la 7e catégorie est tenue de remettre chaque année, dans le courant du mois de janvier, au contrôleur des contributions directes, une déclaration de ses revenus.

Un règlement d'administration publique, prévu à l'article 100, énumérera limitativement, en tenant compte des conditions d'exercice spéciales à chaque profession, et notamment de l'obligation du secret professionnel, les indications que devra contenir la déclaration précitée.

Art. 50. — Sont applicables aux déclarations produites en exécution de l'article précédent les dispositions des paragraphes 5, 6, 7 et 8 de l'article 30 relatif aux bénéfices des professions industrielles et commerciales. A défaut de déclaration, il est procédé conformément aux dispositions du paragraphe 9 dudit article 30.

Les contribuables qui en feront la demande pourront, d'accord avec l'administration, être admis à contracter un abonnement valable pour une période de trois années. Mais cet abonnement sera basé sur le revenu moyen des trois années précédentes.

Indépendamment des pénalités prévues par l'article 30, tout contribuable omis au rôle ou qui, soit d'après sa déclaration, soit d'office, a été insuffisamment imposé est redevable d'une cotisation égale au montant des sommes dont le Trésor a été privé pour chacune des années antérieures à celle de la découverte de l'omission ou de l'insuffisance, sans toutefois que le droit de répétition puisse s'étendre à plus de cinq années.

Art. 51. — Des rôles supplémentaires peuvent être établis à l'égard des personnes qui ont été omises au rôle primitif ou qui sont redevables d'un supplément d'impôt dans les cas prévus aux deux derniers paragraphes de l'article précédent.

DISPOSITIONS COMMUNES A PLUSIEURS CATÉGORIES.

Art. 52. — Les intérêts des dettes hypothécaires, privilégiées ou garanties par une antichrèse, qui ont été soumis à l'impôt au titre de la 3ᵉ catégorie, seront déduits du revenu imposable des immeubles grevés.

Les intérêts des dettes chirographaires ayant date certaine et les arrérages payés par les débirentiers à titre obligatoire seront, sous la même condition, déduits des revenus du débiteur, à l'exception de ceux taxés au titre de la 3ᵉ catégorie. La déduction est imputée d'abord sur les revenus de l'entreprise ou de l'exploitation pour les besoins de laquelle la dette aura été contractée. En cas d'insuffisance desdits revenus, ou à défaut de justifications concernant la cause de la dette, l'imputation est faite successivement sur les revenus des catégories taxées au taux le moins élevé.

Lorsque des valeurs ou titres nominatifs ont été constitués en gage ou nantissement de créances, le débiteur peut obtenir le remboursement de l'impôt sur le revenu desdits titres ou valeurs, jusqu'à concurrence du montant des droits perçus sur les intérêts de sa dette.

Art. 53. — Les déductions et remboursements prévus à l'article précédent ne peuvent porter que sur les revenus de l'année au cours de laquelle a été délivrée la quittance constatant le payement des intérêts.

Pour en obtenir le bénéfice, le débiteur doit, dans les trois mois à dater de la délivrance de ladite quittance, adresser au contrôleur des contributions directes de son domicile réel une demande appuyée des pièces de nature à justifier de ses droits au bénéfice des dispositions de l'article précédent. Il doit, en outre, dans le cas prévu par le deuxième paragraphe dudit article, donner le détail par commune de ses revenus taxés.

Art. 54. — Quiconque aura, au moyen d'une fausse déclaration, obtenu ou tenté d'obtenir les déductions ou remboursements prévus par l'article 52 sera frappé, dans les conditions prévues à l'article 15, d'une amende égale au quintuple des droits qu'il aura éludés ou tenté d'éluder.

Art. 55. — Ont droit à la remise totale d'impôt sur la fraction de leur revenu ne dépassant pas 625 francs, à condition que leur revenu total n'excède pas 1 250 francs :

Les personnes qui, par suite de leur âge ou de leur état de santé, se trouvent dans l'impossibilité d'exercer une profession ou de se livrer à un travail d'une façon continue;

Les veuves qui ont à leur charge un ou plusieurs enfants ayant moins de seize ans révolus;

Les orphelins mineurs.

Cette remise est accordée à raison des faits existants au 1er janvier de l'année de l'imposition. Elle ne peut se cumuler avec les exemptions spécialement prévues dans chaque catégorie que jusqu'à concurrence d'un dégrèvement total d'impôt de 625 francs de revenu.

Sont exonérés de tout impôt sur la propriété bâtie les immeubles occupés par leurs propriétaires, dont le revenu imposable n'excède pas 80 francs, lorsque le revenu total desdits propriétaires ne dépasse pas 1 250 francs.

Art. 56. — Pour obtenir le bénéfice de ce dégrèvement, les contribuables doivent faire connaître annuellement à la mairie de leur domicile réel, et suivant les conditions à déterminer par un règlement d'administration publique, la déclaration détaillée de leurs divers revenus. Ils doivent affirmer, en outre, dans cette déclaration, sous les sanctions prévues à l'article 15 de la présente loi, que l'ensemble de leurs revenus ne dépasse pas 1 250 francs.

En ce qui concerne les revenus des capitaux mobiliers (3e catégorie), la restitution de l'impôt ne sera opérée que pour les revenus titrés de valeurs nominatives, et après représentation des titres ou certificats en tenant lieu.

Art. 57. — Pour le calcul des exemptions et des déductions prévues à l'article 37, il sera fait masse de tous les revenus perçus par un même contribuable au titre de la 5e catégorie.

Art. 58. — Si un même contribuable a plusieurs sources de revenus autres que des pensions, dans la 6e ou dans la 7e catégorie, ou dans les deux simultanément, il ne peut bénéficier sur l'ensemble d'une exemption ou de déductions supérieures à celles fixées par les articles 39 et 47.

Art. 59. — Si le même contribuable jouit à la fois, d'une part, d'un traitement ou d'un gain, d'autre part, d'une pension, il ne pourra cumuler les exemptions afférentes à chacune de ces natures de revenus que dans les limites suivantes :

1o Le montant total de l'exemption ne pourra dépasser la limite d'exemption à laquelle il pourrait avoir droit pour un traitement ou un gain ;

2o L'exemption afférente à la part de son revenu constitué par une pension ne pourra excéder 1 250 francs.

Art. 60. — L'exploitant agricole, même non propriétaire, peut, en ce qui concerne la valeur locative des terres par lui exploitées, exercer le droit de réclamation au même titre que le propriétaire et dans les conditions prévues par les paragraphes 1 et 2 de l'article 12 de la présente loi.

Dans le cas de réclamation formée isolément soit par le propriétaire, soit par l'exploitant agricole, l'administration doit, s'il y a lieu, mettre en cause soit l'exploitant agricole, soit le propriétaire.

La décision qui intervient est commune aux deux intéressés.

Il en est de même dans le cas de pourvoi devant le Conseil d'Etat.

Art. 61. — Tous revenus, profits ou gains, quelle qu'en soit la nature ou la dénomination, non expressément désignés à l'article 3, sont soumis à l'impôt général sur les revenus et imposables d'après les règles fixées pour la 3ᵉ catégorie, à moins qu'ils ne dérivent principalement du travail, auquel cas ils sont imposés d'après les règles fixées pour la 7ᵉ catégorie.

TITRE II

De l'impôt complémentaire sur l'ensemble du revenu [1].

Des personnes imposables.

Art. 62. — L'impôt complémentaire sur l'ensemble des revenus est dû, au 1ᵉʳ janvier de chaque année, par toutes personnes, autres que les personnes morales, ayant leur domicile réel en France, ou qui, bien que domiciliées hors de France, y possèdent néanmoins une résidence.

Sont considérées comme ayant une résidence en France les personnes qui ont à leur disposition une habitation à titre de propriétaires ou de locataires, lorsque, dans ce dernier cas, la location est conclue, soit par convention unique, soit par conventions successives, pour une période continue d'au moins une année.

L'impôt complémentaire est établi dans la commune où le contribuable a son domicile réel, ou, si le contribuable est domicilié hors de France; dans la commune où il a sa principale résidence.

Art. 63. — Chaque chef de famille est imposable tant en raison de ses revenus personnels que de ceux de sa femme et des autres membres de la famille qui habitent avec lui.

---

[1] L'intitulé du titre II, tel qu'il figure dans le projet de loi : « De l'impôt complémentaire sur l'ensemble *des revenus* » est inexact, et, d'ailleurs, non conforme à l'intitulé général du projet de loi.

Toutefois, l'imposition est établie distinctement :

1o Pour les femmes séparées de biens qui ne vivent pas avec leur mari ;

2o Pour les enfants et autres membres de la famille qui tirent un revenu de leur propre travail ou ont personnellement la jouissance d'un revenu indépendant de celui du chef de famille.

Art. 64. — Sont affranchis de l'impôt complémentaire :

1° Les personnes dont le revenu n'excède pas 5 000 francs ;

2° Les ambassadeurs et autres agents diplomatiques étrangers, ainsi que les consuls et agents consulaires de nationalité étrangère, mais seulement dans la mesure où les pays qu'ils représentent concèdent des avantages analogues aux agents diplomatiques ou consulaires français.

Du revenu imposable.

Art. 65. — En ce qui concerne les personnes domiciliées en France, l'impôt complémentaire est établi, dans les conditions prévues aux articles 67 à 75, sur l'ensemble des revenus de chaque contribuable.

Le revenu imposable est constitué par la totalisation des revenus compris, pour l'année de l'imposition, dans chacune des catégories de l'impôt général, sans excepter les revenus qui n'ont pas été taxés dans certaines d'entre elles, par application des exemptions et déductions à la base.

Il comprend en outre, s'il y a lieu, les revenus qui, pour l'année de l'imposition, sont passibles de la redevance proportionnelle des mines, ainsi que les revenus qui proviennent de propriétés, exploitations ou professions sises ou exercées hors de France. Ces derniers revenus sont évalués suivant les règles applicables aux revenus de même nature acquis en France.

En ce qui touche les personnes non domiciliées en France, mais y possédant une résidence, le revenu imposable est considéré comme égal à sept fois la valeur locative réelle de cette résidence, à moins qu'en totalisant, dans les conditions ci-dessus prévues, les revenus que le contribuable tire de propriétés, exploitations ou professions sises ou exercées en France, on n'obtienne un chiffre plus élevé, auquel cas ce dernier chiffre doit servir de base à l'impôt.

Art. 66. — L'impôt complémentaire se calcule en déduisant du revenu total de chaque contribuable une somme de 5 000 francs, puis en comptant pour 1/5 la fraction du revenu comprise entre 5 001 et 10 000 francs, pour 2/5 la fraction du revenu comprise entre 10 001 et 15 000 francs, pour 3/5 la fraction comprise entre 15 001 et 20 000 francs, pour 4/5 la fraction comprise entre 20 001 et 25 000 francs, pour l'intégralité le surplus du revenu, et en appliquant le taux de 5 0/0 au chiffre ainsi obtenu.

De l'assiette de l'impôt.

Art. 67. — Le contrôleur des contributions directes dresse, pour chaque commune, la liste des personnes susceptibles d'être assujetties à l'impôt complémentaire, et il invite chacune d'elles, par un avis spécial, à souscrire la déclaration prévue à l'article 68 ou à certifier que son revenu total n'est pas supérieur au minimum exempté.

Art. 68. — Les contribuables soumis à l'impôt complémentaire sont tenus de faire annuellement une déclaration contenant les renseignements ci-après :

En ce qui concerne les revenus imposés au titre des 1re, 2e, 4e, 5e, 6e et 7e catégories, le contribuable se borne à mentionner les noms des communes où les impositions sont établies.

Il fait connaître, en outre, le cas échéant, le montant des revenus exemptés dans certaines catégories comme n'atteignant pas le minimum imposable, ainsi que le montant des revenus provenant soit de l'exploitation minière, soit de propriétés, exploitations ou professions sises ou exercées hors de France.

En ce qui touche les revenus de capitaux mobiliers, il en indique le montant, en les distinguant suivant leur nature.

Les déclarations sont rédigées sur des formules dont la

teneur sera fixée par un règlement d'administration publique.

Art. 69. — Les contribuables peuvent obtenir la déduction, sur l'ensemble de leur revenu, du montant de l'intérêt des dettes ou emprunts à leur charge et des arrérages de rentes par eux payés à titre obligatoire, à la condition de fournir, dans leur déclaration, toutes les justifications nécessaires pour qu'il ne puisse subsister aucun doute sur la réalité des dettes alléguées.

Art. 70. — Les déclarations sont adressées au contrôleur des contributions directes dans un délai de deux mois à partir de la réception, par les intéressés, de l'avis spécial prévu par l'article 67 ci-dessus.

Elles doivent être signées, et les signataires doivent affirmer qu'elles sont faites conformément aux prescriptions de la loi et en toute sincérité.

Art. 71. — Les déclarations sont soumises à l'examen d'une commission cantonale composée d'un contrôleur des contributions directes, d'un receveur de l'enregistrement et d'un percepteur. Les membres de la commission sont désignés par le préfet, d'accord avec les chefs de service intéressés.

La commission complète s'il y a lieu, d'après les indications et renseignements parvenus à sa connaissance, la liste des assujettis prévue à l'article 67 et qui lui est communiquée par le contrôleur.

La commission contrôle les déclarations. Elle peut inviter les contribuables à fournir des éclaircissements ; elle a le droit de rectifier les déclarations.

Art. 72. — Le contrôleur des contributions directes établit la matrice du rôle d'après les déclarations rectifiées, s'il y a lieu, par la commission.

Si le contribuable forme une réclamation devant la juridiction contentieuse, l'administration a la charge de prouver l'inexactitude des déclarations à l'aide des moyens dont elle dispose en vertu des lois existantes.

Art. 73. — Tout contribuable qui s'est abstenu de répondre à l'invitation de faire sa déclaration, ou qui s'est abstenu de répondre à la demande d'éclaircissements de la commission, est taxé d'office par ladite commission.

Il ne peut ensuite obtenir, par la voie contentieuse, à moins d'excuse valable admise par le conseil de préfecture, la décharge ou la réduction de la cotisation qui lui a été ainsi assignée qu'en apportant toutes les justifications de nature à faire la preuve du chiffre exact de son revenu, et il supporte, en tout état de cause, la totalité des frais de l'instance, y compris ceux d'expertise.

Art. 74. — En cas de déclaration reconnue inexacte, le contrevenant ou ses héritiers sont frappés d'une amende égale à la moitié du revenu dissimulé.

Art. 75. — Indépendamment des pénalités édictées par les deux articles précédents, tout contribuable qui a été omis au rôle faute d'avoir souscrit la déclaration prévue aux articles 67 et 68, ou qui, soit sur sa déclaration, soit d'office, a été insuffisamment imposé, est redevable d'une cotisation égale au triple des sommes dont le Trésor a été privé pour chacune des années antérieures à celle de la découverte de l'omission ou de l'insuffisance, sans toutefois que le droit de répétition puisse s'étendre à plus de trois ans pour l'imposition des revenus visés par les paragraphes 2 et 3 de l'article 68, ni à plus de dix ans en ce qui concerne les valeurs mobilières.

La triple cotisation ne sera pas due, si l'insuffisance est reconnue inférieure au dixième du revenu réel et à 3000 francs; si le contribuable a pu être de bonne foi, il devra indiquer les raisons de son erreur, sauf à l'administration à en démontrer l'inexactitude.

Des rôles et des réclamations.

Art. 76. — Les rôles de l'impôt complémentaire sur le revenu sont établis, publiés et recouvrés comme en matière de contributions directes.

Peuvent être imposées par voie de rôles supplémentaires, les personnes omises au rôle primitif et celles qui sont redevables d'un supplément de droits dans les cas prévus aux articles 74 et 75 ci-dessus.

Art. 77. — Les réclamations relatives à l'impôt complémentaire sur le revenu sont également présentées, instruites et jugées comme en matière de contributions directes. Toutefois ces réclamations sont jugées en audiences non publiques.

TITRE III

Dispositions diverses.

Art. 78. — Le droit de timbre proportionnel établi par le titre II de la loi du 5 juin 1850 sur les actions et obligations nominatives ou au porteur des sociétés, compagnies, entreprises, départements, communes, établissements publics français, est supprimé.

Est supprimé également le droit annuel de transmission auquel sont assujettis les titres au porteur d'actions et d'obligations françaises, par les articles 6 de la loi du 23 juin 1857, 11 de la loi du 16 septembre 1871, 3 de la loi du 29 juin 1872 et 6 de la loi du 26 décembre 1908. Il n'est pas dérogé à ces lois en ce qui concerne les titres nominatifs.

Art. 79. — En remplacement du droit de timbre supprimé par le premier alinéa de l'article précédent, il est établi un droit de deux francs par cent francs sur les revenus, dividendes, intérêts, arrérages, bénéfices annuels et tous autres produits des actions, parts de fondateur, obligations, parts d'intérêts, commandites et emprunts de toute nature des sociétés, compagnies, entreprises françaises, des départements, communes et établissements publics français désignés dans l'article premier de la loi du 29 juin 1872. Ce droit sera perçu également sur les intérêts et arrérages des

titres de rentes, emprunts et autres effets publics des colonies
françaises.

Il sera à la charge exclusive des sociétés, compagnies,
entreprises, départements, communes, établissements publics
et colonies.

L'assiette en sera déterminée et la perception opérée comme
pour l'impôt sur le revenu des valeurs mobilières établi par
la loi du 29 juin 1872.

Art. 80. — En remplacement du droit annuel de transmission sur les titres au porteur, il est perçu un droit de
6 francs par 100 francs sur les revenus et tous autres
produits des valeurs mobilières françaises ou coloniales au
porteur ou dont la transmission peut s'opérer sans un transfert sur les registres de la société ou de la collectivité qui les
a émis.

Ce droit est avancé par ces sociétés et collectivités, liquidé
et perçu dans les mêmes conditions et sur les mêmes bases
que l'impôt sur le revenu des valeurs mobilières édicté par
la loi du 29 juin 1872.

Les titres nominatifs des rentes, emprunts et autres effets
publics des colonies françaises sont assujettis au droit de
transmission de 0,75 0/0 de la valeur négociée, conformément aux dispositions des articles 6 de la loi du 23 juin 1857,
11 de la loi du 16 septembre 1871, 1er de la loi du 30 mars 1872,
3 de la loi du 29 juin 1872 et 5 de la loi du 26 décembre 1908.

Art. 81. — Le droit de timbre par abonnement et le
droit annuel de transmission auxquels sont assujettis les
actions, obligations, titres d'emprunts, quelle qu'en soit
d'ailleurs la dénomination, des sociétés, compagnies, entreprises, corporations, villes et provinces étrangères, ainsi que
de tout autre établissement public étranger, sont supprimés
et remplacés :

1o Par un droit de timbre au comptant de 2 francs par
100 francs ;

2o Par une taxe annuelle supplémentaire de 1 0/0 sur le
revenu des titres sus-visés, qui s'ajoutera à l'impôt de la
troisième catégorie prévu par l'article 16 et qui sera perçu
sur les mêmes bases et dans les mêmes conditions.

Ces divers droits sont applicables aux titres de rentes, emprunts et autres effets publics des gouvernements étrangers.

Toutefois, ne sont pas soumis au droit de timbre au comptant établi par le paragraphe 1º ci-dessus ceux de ces divers titres qui ont été déjà timbrés conformément aux lois du 30 mars 1872, article 1er ; du 25 mai 1872, article 1er ; du 28 décembre 1895, article 3 ; du 13 avril 1898, article 13, et du 30 janvier 1907, article 8.

Le droit de timbre au comptant est réduit à 1,50 0/0 pour les titres qui, à la date du 1er janvier 1910, acquittent le droit de timbre par abonnement, mais à la condition que ces titres soient soumis à la formalité du timbre dans les neuf mois qui suivront la mise en vigueur de la présente loi.

Art. 82. — Le droit de timbre au comptant n'est pas soumis aux décimes ; il est perçu sur la valeur nominale de chaque titre ou coupure considéré isolément, mais sans minimum. Toutefois la valeur réelle ou négociable sera prise pour base de la perception lorsqu'elle sera supérieure à la valeur nominale, et, dans ce cas, l'impôt sera calculé d'après le cours d'introduction ou d'émission des titres sur le marché français, ou d'après le cours moyen pendant l'année précédente, ou enfin, lorsqu'il s'agira de valeurs non cotées, d'après la déclaration des parties, sous réserve du contrôle de l'administration.

Pour les titres cotés à la Bourse officielle, dont le cours moyen pendant l'année précédente est tombé au-dessous des trois quarts du pair, la perception s'effectue sur la valeur négociable déterminée par ce cours moyen.

Art. 83. — L'émission, la mise en souscription, l'exposition en vente, l'introduction sur le marché, le remboursement, la conversion ou la cote des titres désignés dans les deux articles précédents ne peuvent être annoncés, publiés ou effectués en France sans qu'il ait été fait, dix jours à l'avance, au bureau de l'enregistrement de la résidence, une déclaration dont la date est mentionnée dans l'avis ou l'annonce.

Les titres ou les certificats provisoires de titres émis, souscrits, exposés en vente ou introduits sur le marché en France ne pourront être remis aux souscripteurs, preneurs ou acheteurs sans avoir préalablement acquitté les droits de timbre fixés par les deux articles qui précèdent. Si le droit a été payé sur le certificat provisoire, le titre définitif correspondant sera timbré sans frais sur la présentation de ce certificat.

Art. 84. — La négociation, l'énonciation dans un acte ou écrit soit public, soit sous seing privé, y compris les récépissés de dépôt en vue de la garde des titres, le remboursement et le transfert des titres désignés dans l'article 81 ci-dessus, ne peuvent être effectués en France, lorsque ces titres n'ont pas acquitté le droit de timbre au comptant ou ne sont pas maintenus sous le régime de l'abonnement conformément à l'article 86 ci-après.

Il n'est pas dérogé aux dispositions de l'article 7 de la loi du 31 décembre 1907 relatives aux titres énoncés dans les inventaires.

Art. 85. — En ce qui concerne les récépissés de dépôt en vue de la garde des titres, les dispositions de l'article 84 ne sont pas applicables lorsque le dépôt est effectué par une personne qui n'a pas en France de domicile de droit ou de fait. La nationalité et le domicile du déposant devront, en ce cas, être indiqués expressément dans le récépissé de dépôt.

Art. 86. — En ce qui concerne les titres désignés au premier alinéa de l'article 81, pour lesquels le droit de timbre par abonnement, le droit annuel de transmission et la taxe sur le revenu sont acquittés depuis plus de deux ans, d'après une quotité imposable fixée, en moyenne, aux six dixièmes au moins de tous les titres abonnés d'un même type, les lois en vigueur peuvent continuer à être appliquées, si les sociétés ou autres collectivités étrangères qui ont émis ces titres en font la demande dans les neuf mois à compter de la promulgation de la présente loi.

Mais les dispositions des articles 16, 19, 20, 22 à 29, 81 à 84 ci-dessus et 87 ci-après deviendront applicables aux titres dont il s'agit lorsque la quotité imposable moyenne, prévue au paragraphe précédent s'abaissera au-dessous de six dixièmes, et, dans ce cas, le droit de timbre au comptant, devenu exigible, ne sera perçu qu'au tarif réduit de 1,50 0/0 s'il est acquitté dans l'année qui suivra la notification faite par l'administration que les titres ne sont pas susceptibles d'être maintenus sous le régime de l'abonnement.

En ce qui concerne les sociétés, compagnies, entreprises, corporations, villes et provinces étrangères, actuellement abonnées, qui renonceraient à l'abonnement ou qui ne pourraient en bénéficier à l'avenir, elles devront prendre à leur charge le droit de timbre afférent à ceux de leurs titres circulant en France. Un décret rendu en forme de règlement d'administration publique déterminera les conditions de présentation de ces titres et fixera les délais dans lesquels le versement du montant des droits devra être effectué par les sociétés, compagnies et collectivités.

Art. 87. — Toute contravention aux articles 83, 84 et 85 sera punie d'une amende de 5 0/0, en principal, de la valeur imposable des titres émis, exposés en vente, mis en souscription, négociés, introduits en France, cotés ou énoncés dans les actes, sans que cette amende puisse être inférieure à cent francs en principal.

L'amende est due personnellement et sans recours par ceux qui ont émis, exposé en vente, mis en souscription, négocié, introduit, coté ou énoncé dans les actes, des titres non timbrés, ou qui ont servi d'intermédiaire pour ces opérations. La même amende sera exigée de ceux qui auront publié l'émission, la mise en souscription, l'exposition en vente ou l'introduction en France sans déclaration préalable. Le souscripteur, preneur ou acheteur de titres non timbrés est tenu solidairement de l'amende, sauf son recours contre celui qui a ouvert la souscription, exposé en vente, émis ou introduit des titres. Tous les contrevenants seront solidaires pour le recouvrement des droits et amendes. Il n'est pas dérogé aux dispositions des deux derniers alinéas de l'article 5 de la loi du 28 décembre 1895, relatifs à l'énonciation dans les actes ou écrits de titres étrangers, sauf application des prescriptions de l'article 7 de la loi du 31 décembre 1907, au cas où cette énonciation est faite dans un inventaire.

Art. 88. — Les sociétés de crédit françaises qui possèdent des établissements à l'étranger et les sociétés étrangères établies en France devront tenir, au siège principal de la société en France, des répertoires où seront mentionnés, dans le premier mois de chaque semestre, pour le semestre échu, soit les dépôts de titres ou dépôts de sommes à vue effectués au nom de personnes domiciliées en France, soit les comptes courants de chèques ou comptes courants de toute nature ouverts au nom de personnes domiciliées en France, dans leurs établissements à l'étranger. Ces répertoires devront indiquer le nom et le domicile des titulaires des dépôts ou comptes et la nature des dépôts ou comptes.

Les préposés de l'enregistrement sont autorisés à prendre connaissance de ces répertoires, et, sur leur réquisition, les sociétés seront tenues de leur fournir, dans un délai d'un mois, une copie certifiée conforme desdits comptes de dépôts ou comptes courants.

Tout refus de communication des répertoires et des copies de comptes sera constaté par procès-verbal et puni d'une amende de 100 francs par jour de retard à dater du procès-verbal. Toute omission d'inscription aux répertoires dûment établie sera punie d'une amende de 500 à 10 000 francs.

Art. 89. — Tous banquiers français et toutes sociétés de crédit françaises ainsi que tous banquiers étrangers et toutes sociétés de crédit étrangères établis en France, devront tenir, dans chacun de leurs établissements, un répertoire sur lequel ils enregistreront, jour par jour, tous envois de titres ou coupons de valeurs mobilières adressés à l'étranger par des personnes résidant en France pour y être déposés ou encaissés chez un banquier ou dans un établissement de crédit. Le répertoire indiquera le nom et le domicile du propriétaire des valeurs, la désignation du banquier et de l'établissement dépositaire.

Les préposés de l'enregistrement sont autorisés à prendre connaissance de ce répertoire.

Tout refus de communication du répertoire sera constaté par procès-verbal et puni d'une amende de 100 francs par jour de retard à dater du procès-verbal. Toute omission d'inscription au répertoire ou toute inexactitude dûment établie sera punie d'une amende de 500 à 10 000 francs.

Art. 90. — Les dispositions des articles 22 de la loi du 23 août 1871, 7 de la loi du 21 juin 1875 et 5 de la loi du 17 avril 1906 sont étendues, pour l'exécution de la présente loi, à toutes les personnes désignées dans le second alinéa de l'article 23.

Les communications visées ou prescrites par l'alinéa précédent devront être faites, sous les mêmes sanctions, aux fonctionnaires du service de l'inspection générale des finances.

Art. 91. — Indépendamment de l'impôt sur les bénéfices des professions industrielles et commerciales, tel qu'il a été organisé par les articles 30 à 36, il est établi une taxe spéciale sur le chiffre d'affaires réalisé par les établissements désignés ci-après :

Magasins de plusieurs espèces de marchandises ;

Magasins pour la vente en demi-gros ou aux particuliers de vêtements confectionnés ;

Magasins pour la vente en demi-gros ou en détail de quincaillerie, de ferronnerie et d'articles de ménage ;

Magasins pour la vente en demi-gros ou en détail d'épicerie, liqueurs et conserves ;

Lorsqu'ils occupent habituellement plus de dix personnes employées aux écritures, aux caisses, à la surveillance, aux achats et aux ventes intérieures ou extérieures, et lorsque leur chiffre annuel d'affaires dépasse 500 000 francs.

Le taux de l'impôt est fixé conformément au tarif suivant :

1 0/00 sur la fraction du chiffre d'affaires comprise entre 500 001 et 1 million de francs.

2 0/00 sur la fraction du chiffre d'affaires comprise entre 1 000 001 et 5 millions de francs.

3 0/00 sur la fraction du chiffre d'affaires au-dessus de 5 millions de francs.

Les contribuables visés dans le présent article sont tenus de faire annuellement, dans les formes et délais prévus par l'article 70 de la présente loi, une déclaration du chiffre total de leurs affaires pendant l'année précédente et de présenter à l'appui de cette déclaration toutes les justifications nécessaires pour en établir l'exactitude.

Sont applicables, en cas d'omission de déclaration et de déclaration inexacte, les sanctions édictées par l'article 50 de la présente loi.

Pour les maisons à succursales multiples rentrant dans la catégorie des établissements visés par le présent article, le chiffre d'affaires sur lequel s'établira la taxe spéciale sera le chiffre global des affaires réalisées par toutes les succursales installées soit dans la ville du siège social, soit dans des villes différentes.

Art. 92. — Les sociétés civiles et commerciales de toute nature, passibles de l'impôt sur les revenus de la 4e catégorie, sont taxées, dans cette catégorie, savoir :

Au taux de 4 0/0, lorsque leur revenu imposable est supérieur à 1 million et au plus égal à 10 millions ;

Au taux de 4,50 0/0, lorsque leur revenu imposable est supérieur à 10 millions et au plus égal à 20 millions ;

Au taux de 5 0/0, lorsque leur revenu imposable est supérieur à 20 millions.

Art. 93. — Les sociétés coopératives de consommation et les économats, lorsqu'ils possèdent des boutiques ou magasins pour la vente des denrées ou marchandises, sont passibles de l'impôt de la 4e catégorie, dans les mêmes conditions que les commerçants et industriels.

Toutefois, ne sont pas soumis à l'impôt, dans les conditions stipulées par le paragraphe précédent, les syndicats agricoles et les sociétés coopératives, lorsqu'ils se bornent à grouper les commandes de leurs adhérents et à distribuer dans leurs magasins de dépôt les denrées, produits ou marchandises qui ont fait l'objet de ces commandes, ou lorsque, ne comptant qu'une seule catégorie de sociétaires et ne vendant qu'à ces seuls sociétaires pour leur usage personnel ou familial, ils distribuent leurs bonis annuels soit auxdits sociétaires, soit à des œuvres d'utilité générale.

Ces syndicats ou sociétés ne sont frappés de l'impôt de la quatrième catégorie que pour les sommes qu'ils affectent à la rémunération du capital engagé dans l'entreprise.

Pour bénéficier des dispositions des deux derniers paragraphes ci-dessus, les syndicats ou sociétés doivent communiquer leurs écritures, à toute réquisition, aux agents chargés de l'assiette de l'impôt et du contrôle.

Art. 94. — Tout contribuable dont le revenu total ne dépasse pas 12 000 francs a droit à un dégrèvement de 8 francs par personne se trouvant à sa charge.

Toutefois, le dégrèvement n'est accordé que pour les descendants ou enfants recueillis en sus du premier.

Sont considérées comme personnes à la charge du contribuable, à condition de n'avoir point de ressources personnelles suffisantes :

1º Les ascendants âgés ou infirmes ;

2º Les descendants ou enfants abandonnés et par lui recueillis, s'ils sont âgés de moins de seize ans ou infirmes.

Pour s'assurer le bénéfice des dispositions qui précèdent, les contribuables doivent faire connaître à l'administration le nombre et l'âge des personnes à leur charge au 1er janvier de l'année pour laquelle le dégrèvement est demandé et, s'il y a lieu, les impositions auxquelles ils sont assujettis en dehors de la commune de leur domicile, jusqu'à concurrence de la somme nécessaire à l'application intégrale de la déduction sollicitée.

Cette déclaration est produite, à peine de déchéance, au plus tard dans le mois qui suit la publication du dernier des rôles comprenant les impositions sur lesquelles le dégrèvement doit être imputé.

Si le montant du dégrèvement est supérieur au total des cotisations inscrites dans les rôles au nom du contribuable, ce dernier peut demander le remboursement de l'impôt payé par lui, au titre de la 3e catégorie, sur les revenus des valeurs mobilières à forme nominative échus pendant l'année pour laquelle le dégrèvement est demandé, jusqu'à concurrence du complément de déduction auquel il peut prétendre.

La demande de remboursement ne peut être produite utilement plus de trois mois après l'expiration de ladite année.

En cas de fausse déclaration, les pénalités de l'article 15 sont applicables.

Art. 95. — La transmission des formules de déclaration, des avertissements, et d'une manière générale de tous avis ou communications concernant l'impôt sur les revenus des 4e, 6e et 7e catégories, ainsi que l'impôt complémentaire sur le revenu, est effectuée en franchise par la voie de la poste et sous enveloppe fermée.

Est tenue en outre au secret professionnel, dans les termes de l'article 378 du Code pénal, et passible des peines prévues audit article, toute personne appelée, à l'occasion de ses fonctions où attributions, à concourir à l'établissement, à la perception ou au contentieux de l'impôt.

Sont abrogées toutes les dispositions législatives ou réglementaires autorisant les contribuables à se faire délivrer des extraits de rôles autres que ceux concernant leurs propres cotisations.

Toutefois, les percepteurs resteront tenus de délivrer à tout requérant des certificats constatant l'inscription ou la non-inscription aux rôles de toutes personnes désignées par ledit requérant.

Art. 96. — Dans tous les cas où des droits et obligations dépendent actuellement du fait de l'imposition à la taxe personnelle, ces droits et obligations seront déterminés à l'avenir par le fait du domicile réel.

Art. 97. — Pour l'assiette de la taxe des biens de mainmorte, les impôts établis sur les revenus des 1re et 2e catégories sont substitués au principal de la contribution foncière.

Art. 98. — Les dispositions édictées pour l'assiette de l'impôt général sur les revenus des diverses catégories ne sont pas applicables aux exploitations minières, qui restent passibles des redevances fixe et proportionnelle, conformément à la législation en vigueur.

Art. 99. — Sont réputées non écrites toutes stipulations, quelle qu'en soit la date, tendant :

Soit à assujettir des personnes dégrevées par l'effet de la présente loi à l'obligation de payer à ceux avec lesquels elles ont contracté ou à des tiers des sommes représentant tout ou partie du dégrèvement ;

Soit à reporter sur autrui les augmentations d'impôts résultant des dispositions de la présente loi ;

Soit enfin à rendre des prêts en cours immédiatement exigibles si les emprunteurs ne prennent pas à leur charge le payement de l'impôt établi par l'article 21 de la présente loi.

Art. 100. — Des règlements d'administration publique détermineront les mesures d'exécution nécessaires pour l'application des dispositions de la présente loi.

En ce qui concerne l'évaluation des bois et forêts, un règlement spécial d'administration publique sera rendu sous le contreseing du ministre des finances, après avis du ministre de l'agriculture.

Art. 101. — La présente loi entrera en vigueur à l'expiration de la première année qui suivra celle de sa promulgation.

A dater de l'entrée en vigueur de ladite loi, les impositions départementales et communales ne pourront être mises en recouvrement qu'en vertu d'une loi spéciale.

PROJET DE LOI

portant suppression des centimes départementaux et communaux additionnels aux contributions directes et établissant, en remplacement de ces centimes, de nouvelles impositions basées sur les revenus [1].

Art. 1er. — Cesseront d'être perçus pour le compte des départements et des communes, à partir de la mise en vigueur de la présente loi, les centimes additionnels au principal des quatre contributions directes.

Art. 2. — En remplacement desdits centimes, il est établi des impositions sur les diverses catégories de revenus dans les communes où ces revenus sont acquis et une imposition sur le revenu global dans les communes où ce revenu est dépensé.

TITRE PREMIER

Détermination de la matière imposable.

Art. 3. — Les revenus par catégorie, destinés à servir de base aux impositions départementales et communales, sont

[1] Projet déposé par les ministres de l'Intérieur et des Finances sur le bureau de la Chambre des députés, le 3 mars 1909.

ceux pour lesquels les contribuables se trouvent compris dans les rôles de l'impôt général sur les revenus au titre des 1re, 2e, 4e, 5e, 6e et 7e catégories et de la redevance proportionnelle des mines.

Toutefois, dans le cas où un commerçant, un industriel ou l'exploitant d'une mine possède, en dehors du siège de son établissement principal, des annexes situées sur le territoire d'autres communes, ses bénéfices sont répartis entre les communes en cause proportionnellement aux revenus des propriétés foncières bâties affectées à l'exercice de son commerce ou de son industrie.

Art. 4. — En ce qui concerne les revenus des 4e, 5e, 6e et 7e catégories, le conseil municipal a la faculté d'étendre les bases d'imposition en abaissant des trois quarts au maximum les limites des fractions de revenus bénéficiant, dans l'impôt d'Etat, soit d'exonérations totales, soit d'exonérations partielles.

Lorsque le conseil municipal use de cette faculté, sa décision doit intervenir dans la session de mai et doit s'appliquer indistinctement aux quatre catégories de revenus sus-indiquées.

Art. 5. — Le revenu global qui doit servir de base aux impositions départementales et communales est calculé en faisant application aux diverses fractions de la valeur locative réelle et actuelle de l'habitation de chaque contribuable d'un tarif de coefficients établi dans la forme ci-après[1].

Les coefficients applicables aux diverses fractions de chaque valeur locative d'habitation, telles qu'elles résultent du tableau ci-contre, ne peuvent être inférieurs à cinq pour la première fraction, à six pour la deuxième, à sept pour la troisième, à huit pour la quatrième et à neuf pour la dernière, ni supérieurs à ces chiffres de plus d'un tiers.

Le tarif est établi pour chaque commune par la commission cantonale instituée en vue de l'examen des déclarations concernant l'impôt complémentaire d'Etat. Il est communiqué au conseil municipal et arrêté chaque année pour l'année suivante par le conseil général dans sa première

[1] V. le tableau, page suivante.

COMMUNES de :	FRACTION DE LA VALEUR LOCATIVE				supérieure à
	COMPRISE ENTRE				
2.000 habitants et au-dessous..........	0 et 100	100 et 200	200 et 400	400 et 800	800
2.001 à 5.000 habit...	0 et 200	200 et 400	400 et 800	800 et 1.500	1.500
5.001 à 30.000 habit..	0 et 300	300 et 600	600 et 1.200	1.200 et 2.500	2.500
30.001 habitants et au-dessus............	0 et 400	400 et 800	800 et 2.000	2.000 et 4.000	4.000
Ville de Paris	0 et 500	500 et 1.500	1.500 et 3.000	3.000 et 6.000	6.000
Coefficients.........					

session sur les propositions du directeur des contributions directes.

Si le conseil général n'adopte pas les propositions du directeur, il en est référé au ministre des Finances qui statue définitivement.

L'application des coefficients est effectuée d'après le chiffre de la population municipale totale en ce qui concerne les habitations situées dans l'agglomération, et d'après le chiffre de la population non agglomérée en ce qui concerne celles qui sont situées dans la partie non agglomérée.

Art. 6. — La somme obtenue par l'application à la valeur locative d'habitation de chaque contribuable du tarif arrêté comme il est dit ci-dessus constitue le revenu global imposable.

Toutefois, si l'Administration établit, à l'aide soit des données relatives à l'impôt complémentaire, soit des constatations effectuées pour la détermination des revenus dans les diverses catégories, que le revenu réel du contribuable est supérieur à celui qui résulte de l'application du tarif, c'est ce revenu réel qui servira de base à l'assiette de l'impôt.

Le chiffre de revenu déduit de la valeur locative d'habitation ou des éléments ayant servi à la détermination du revenu réel est communiqué par le contrôleur des contributions directes à l'intéressé qui peut, dans le délai de deux mois, en demander l'abaissement, sur déclaration faite dans les formes prévues en ce qui touche l'impôt complémentaire d'Etat.

La déclaration est soumise à l'examen de la commission cantonale instituée en vue de l'assiette dudit impôt complémentaire, et, en cas d'inexactitude constatée, les pénalités prévues en ce qui concerne cet impôt sont applicables.

Si aucune déclaration n'est souscrite par le contribuable, les rôles sont établis d'après les chiffres fixés par le contrôleur, à charge par l'intéressé, en cas de contestation, d'en démontrer l'inexactitude.

Art. 7. — Lorsqu'un contribuable a plusieurs habitations dans des communes différentes et que son revenu global a été déterminé sans avoir égard à la présomption légale tirée du chiffre du loyer, on effectue la répartition de ce revenu entre les diverses communes proportionnellement aux revenus présumés résultant de l'application du tarif des coefficients.

Art. 8. — Il est déduit du revenu global imposable de chaque contribuable une somme égale au revenu correspondant, eu égard à la population de la commune, à la limite maxima, multipliée par le coefficient 5, de la première tranche des valeurs locatives comprises dans le tarif prévu à l'article 5.

Art. 9. — En ce qui concerne l'imposition sur le revenu global, le conseil municipal a la faculté :

Soit d'en étendre les bases en abaissant des trois quarts au maximum la limite du revenu exemptée, fixée par l'article 8 ;

Soit, mais seulement dans les communes où il existe un octroi dont les recettes brutes représentent au moins le quart des ressources totales du budget, d'en restreindre les bases en accordant une exonération de moitié sur la tranche des revenus comprise entre la fraction totalement exemptée et une somme double de cette fraction.

Lorsque le conseil municipal use des facultés qui lui sont données par les deux paragraphes précédents, sa décision doit intervenir dans la session de mai.

Art. 10. — Dans les communes où il est fait application des dispositions du troisième paragraphe de l'article 9, la moins-value corrélative sur le produit des centimes communaux peut être compensée par des taxes établies dans les conditions prévues par l'article 5 de le loi du 29 décembre 1897, et notamment par une taxe portant sur la plus-value des propriétés immobilières situées dans la commune.

Art. 11. — Les exemptions et déductions prévues par les articles 8 et 9 sont, dans tous les cas, majorées d'un dixième par personne à la charge du contribuable et remplissant les conditions spécifiées par l'article 94 de la loi portant création d'un impôt général sur les revenus.

TITRE II

Calcul des impositions.

Art. 12. — Pour le calcul des impositions départementales il est formé, à l'aide des éléments constatés pour l'année précédente, des principaux déterminés dans les conditions ci-après :

1o En ce qui concerne les revenus par catégorie, par l'application à ces revenus, tels qu'ils sont fixés en conformité de l'article 3, des taux stipulés pour le calcul de l'impôt d'Etat, les revenus nets des exploitations minières étant assimilés aux revenus de la 4e catégorie ;

2o En ce qui concerne le revenu global, par l'application à ce revenu, tel qu'il est fixé en conformité des articles 5, 6, 7, 8 et 11, du taux de 0 fr. 75 0/0.

Art. 13. — Pour le calcul des impositions communales, il est formé, à l'aide des éléments constatés pour l'année de l'imposition, des principaux déterminés dans les conditions ci-après :

1o En ce qui concerne les revenus par catégorie, par l'application à ces revenus, tels qu'ils sont fixés en conformité des articles 3 et 4, des taux stipulés pour le calcul de l'impôt d'Etat, les revenus nets des exploitations minières étant assimilés aux revenus de la 4e catégorie ;

2o En ce qui concerne le revenu global, par l'application à ce revenu, tel qu'il est fixé en conformité des articles 5, 6, 7, 8, 9 et 11, d'un taux que le conseil municipal doit arrêter dans sa session de mai et qui ne peut être inférieur à 0 fr. 50 0/0, ni supérieur à 1 0/0.

Art. 14. — Le montant de la taxe spéciale sur le chiffre d'affaires, à laquelle certains établissements sont assujettis au profit de l'Etat, en vertu de la loi relative à l'impôt général sur les revenus, est ajouté aux principaux dont la formation est prévue par les articles 12 et 13 ci-dessus pour le calcul des impositions départementales et communales.

En ce qui concerne les établissements ayant une ou plusieurs succursales situées sur le territoire de communes autres que celles de l'établissement principal, le montant de la taxe spéciale est réparti entre les communes intéressées conformément aux dispositions du 2e paragraphe de l'article 3.

Art. 15. — Le montant total des impositions départementales est réparti entre les communes au prorata des principaux qui ont été respectivement attribués à celles-ci, conformément aux dispositions des articles 12 et 14.

La part de l'impôt attribuée à la commune dans les charges départementales, augmentée du montant des impositions communales, est répartie entre les contribuables en proportion du principal des cotisations individuelles de chacun d'eux calculé conformément aux dispositions des articles 13 et 14.

TITRE III

Vote des impositions départementales et communales.

Art. 16. — Les conseils généraux sont autorisés à voter sans approbation : 1o des centimes, sans limitation de nombre, d'un produit égal au montant des dépenses obligatoires, après affectation à ces dépenses des ressources ordinaires du département ; 2o des centimes ordinaires pour dépenses ordinaires facultatives et des centimes extraordinaires pour dépenses extraordinaires, dans la limite du maximum fixé annuellement par la loi de finances.

Après emploi de ces ressources ils pourront, sous réserve d'approbation par décret en Conseil d'Etat, voter des centimes ordinaires pour insuffisance de revenus pour leurs dépenses ordinaires, et des centimes extraordinaires pour dépenses extraordinaires de toute nature.

Art. 17. — Les conseils municipaux sont autorisés à voter sans approbation : 1o des centimes, sans limitation de nombre, d'un produit égal au montant des dépenses obligatoires, après affectation à ces dépenses des ressources ordinaires de la commune ; 2o des centimes ordinaires pour dépenses ordinaires facultatives, et des centimes extraordinaires pour dépenses extraordinaires, dans la limite du maximum fixé annuellement par la loi de finances.

Après emploi de ces ressources ils pourront, sauf approbation de l'autorité supérieure, voter des centimes ordinaires pour insuffisance de revenus et des centimes extraordinaires pour dépenses extraordinaires de toute nature.

TITRE IV

Rôles, réclamations, dispositions diverses et dispositions transitoires.

Art. 18. — Les rôles relatifs aux impositions départementales et communales sont établis, publiés et recouvrés comme en matière de contributions directes.

Peuvent être imposées, par voie de rôle supplémentaire, les personnes omises au rôle primitif et celles dont l'imposition a été reconnue insuffisante, sans toutefois que le droit de répétition puisse remonter au delà de cinq années. Les cotisations ainsi établies sont calculées d'après la proportion qui a servi au calcul des cotisations comprises dans les rôles primitifs.

Des avertissements sont délivrés aux redevables à raison de cinq centimes par article ; ces avertissements indiquent, d'une manière distincte, la part qui, dans chaque imposition, revient au département et à la commune.

Art. 19. — Tous les frais relatifs à l'assiette et au recouvrement des impositions départementales et communales ainsi que les dégrèvements de toute nature prononcés sur ces impositions sont à la charge du département.

Les conseils généraux votent les centimes additionnels au montant des impositions départementales et communales nécessaires pour constituer dans chaque département un fonds commun destiné à couvrir les dépenses visées au paragraphe précédent. Le nombre de ces centimes doit être tel que le produit n'en puisse être inférieur au montant moyen annuel des frais et dégrèvements pendant les cinq années précédentes, majoré d'un dixième.

La portion du fonds commun ainsi constitué qui reste sans emploi fait l'objet dans les comptes du département d'un service hors budget, et, lorsque les sommes ainsi reportées dépassent la moyenne quinquennale des frais et dégrèvements, l'excédent doit être déduit du produit des centimes additionnels à voter par le conseil général en vue de la constitution du fonds commun pendant l'année suivante.

Il sera pourvu, s'il y a lieu, à l'insuffisance du fonds commun au moyen des ressources ordinaires du département.

Art. 20. — Les réclamations concernant les impositions départementales et communales sont présentées, instruites et jugées comme en matière d'impôts d'État.

Art. 21. — La transmission des avertissements et, d'une manière générale, de tous avis ou communications concernant les impositions départementales et communales portant sur les 4e, 6e et 7e catégories, ainsi que sur le revenu global, est effectuée en franchise par la voie de la poste et sous enveloppe fermée.

Est tenue, en outre, au secret professionnel, dans les termes de l'article 378 du Code pénal, et passible des peines prévues audit article, toute personne appelée, à l'occasion de ses fonctions ou attributions, à concourir à l'établissement, à la perception ou au contentieux de l'impôt.

Art. 22. Pour la première année d'application de la présente loi, les départements et les communes sont autorisés, au moment de l'établissement du budget, à voter des impositions égales au montant des dépenses obligatoires à couvrir par l'impôt et au montant des annuités nécessaires au gage des emprunts et stipulées dans les contrats.

Ces sommes sont converties en centimes par l'administration des Contributions directes, lors de la confection des rôles.

Pour les autres dépenses qui doivent être couvertes par l'impôt, les communes votent en recettes les sommes nécessaires, qui sont également converties en centimes par l'administration des Contributions directes, lors de la confection des rôles. L'autorité supérieure compétente pour le règlement du budget statue à l'égard de ces impositions conformément aux règles de compétence fixées par la présente loi.

Art. 23. — Des décrets rendus sur la proposition du ministre de l'Intérieur et du ministre des Finances détermineront les mesures d'exécution nécessaires pour l'application des dispositions de la présente loi.

Art. 24. — La présente loi entrera en vigueur en même temps que la loi portant établissement d'un impôt général sur les revenus.

INDEX BIBLIOGRAPHIQUE

Documents officiels.

L'impôt sur le revenu et l'impôt sur les revenus dans les pays étrangers. Publication de la Direction générale des contributions directes, Paris, 1894.

Procès-verbaux de la commission extraparlementaire de l'impôt sur les revenus (1894), Paris, 1895.

Projet de loi, présenté par M. Cochery, ministre des Finances, le 9 février 1897 (Chambre, session ordinaire de 1897, annexes n°ˢ 2265, 2266, 2267).

Projet de loi, présenté par M. Ribot, ministre des Finances, le 22 octobre 1895 (Chambre, session extraordinaire de 1895, annexe n° 1560).

Projet de loi portant suppression des contributions directes et établissement d'un impôt général sur les revenus et d'un impôt complémentaire sur l'ensemble du revenu. *Exposé des motifs* (Chambre, session ordinaire, annexe n° 737, *J. O.* du 17 févr. 1907).

Rapport sur le projet de budget pour 1897, présenté par M. Paul Delombre, le 9 mars 1896 (annexe n° 1831).

Rapport, fait au nom de la Commission de législation fiscale, par M. René Renoult, député (Chambre, session ordinaire, annexe n° 1053, *J. O.* des 2, 5, 6, 7, 9, 18, 20, 21, 23, 24, 25, 26 et 27 juill. 1907).

Rapport supplémentaire (Chambre, session ordinaire de 1908, annexe n° 1445, *J. O.* des 26, 28 et 29 avr. 1908).

Ouvrages divers.

Bomboy. *L'impôt sur le revenu en Prusse*, Paris, 1908.

Boucard et Jèze. *Éléments de la science des finances*, t. II.

Cauwès. *Cours d'économie politique*, t. IV, 3ᵉ édition, 1892.

Cavaignac. *Les impôts progressifs sur le revenu.* Paris, 1903.

Chailley. *L'impôt sur le revenu*, 1884.

Dalloz. Jurisprudence générale, Répertoire, vⁱ *Impôts, Impôts* directs. — Supplément au Répertoire, v° *Impôts, Impôts directs.*

Dufay. *L'impôt progressif en France*, 1905.

Gauthier. *La réforme fiscale par l'impôt sur le revenu*, Paris, 1908.

Géraud-Bastet. *M. Caillaux et l'impôt sur le revenu*, Paris, 1908.

Gros. *L'impôt sur le revenu*, Paris, 1907.

Yves Guyot. *Les impôts sur le revenu*, Paris, 1887.

Ingenbleek. *Impôts directs et indirects sur le revenu*, Bruxelles, 1908.

Leroy-Beaulieu. *Traité de la science des finances*, 7° édit., t. I.

Martinet. *Différentes formes de l'impôt sur le revenu*, Paris, 1887.

Petiot. *Le projet d'impôt global et progressif sur le revenu*, Paris, 1909.

Philippe. *De l'impôt sur le revenu*, Paris, 1898.

Léon Say. *Les solutions démocratiques de la question des impôts*, t. I.

Léon Say, Foyot et Lanjallay. *Dictionnaire des Finances*, v° *Revenu.*

Seligman. *L'impôt progressif en théorie et en pratique*, Paris, 1909.

Stourm. *Les systèmes généraux d'impôts*, Paris, 1893.

Wahl. *Les projets d'impôt général sur le revenu*, Paris, 1899.

Journaux et revues.

Bulletin de la Fédération des industriels et des commerçants français. Frédéric Clément, Truchy, Jules Roche. *L'impôt sur le revenu*, n° 45, juin 1907.

Bulletin de législation comparée. V. Marcé. *L'impôt sur le revenu en Autriche* (année 1907). — Perdrieux. *L'impôt sur le revenu en Italie* (mars 1909).

Économiste français. P. Leroy-Beaulieu. *Le projet d'impôt général sur le revenu*, n°ˢ des 16 et 23 février, 6 et 20 juillet, 7 septembre 1907. *L'impôt personnel et progressif sur le revenu*, n°ˢ des 8, 15 et 22 février 1908, 23 et 30 janvier, 6 février 1909. *Les impositions communales et départementales et l'impôt sur le revenu*, n° du 17 avril 1909. — André Liesse. *L'impôt sur le revenu et les bénéfices commerciaux et industriels*, n° du 8 août 1908. — Ed. Payen. *L'impôt sur le revenu des propriétés non bâties*, n° du 29 mai 1909.

Réforme économique. J. Domergue. *L'impôt sur les bénéfices de l'industrie et du commerce*, n° du 10 juillet 1908. — X. *L'impôt sur le revenu*, n°ˢ des 2 et 23 avril 1909.

Réforme sociale. E. Cheysson.

L'impôt sur le revenu et les bénéfices agricoles, n° du 1ᵉʳ avril 1909.

Le Temps. Paul Delombre. *L'inquisition fiscale :* février, mars 1907 ; janvier, février, mars, mai, juillet, août, septembre, octobre, novembre 1908 ; janvier, [février, mars, avril, mai 1909.

Revue politique et parlementaire. Th. Reinach. *A propos de la réforme fiscale,* n°ˢ du 10 avril et du 10 juin 1909.

Discussion à la Chambre. — Principaux discours.

MM. Aimond (*Discussion générale*, séance du 21 janvier 1908, *J. O.* du 22, p. 55. — *Article* 1ᵉʳ, séance du 25 février 1908, *J. O.* du 26, p. 431. — *Article* 16, séance du 22 mai 1908, *J. O.* du 23, p. 1025. — *Article* 37, 1ʳᵉ séance du 27 octobre 1908, *J. O.* du 28, p. 1921).

Aynard (*Discussion générale,* séance du 17 février 1908, *J. O.* du 18, p. 349.— *Article* 16, séance du 29 mai 1908, *J. O.* du 30, p. 1081; séance du 1ᵉʳ juin 1908, *J. O.* du 2, p. 1089. — *Article* 30, séance du 18 juin 1908, *J. O.* du 19, p. 1262; 1ʳᵉ séance du 23 juin 1908, *J. O.* du 24, p. 1310.—*Vote sur l'ensemble,* séance du 8 mars 1909, *J. O.* du 10, p. 684).

Ch. Benoist (*Discussion générale,* séance du 1ᵉʳ juillet 1907, *J. O.* du 2, p. 1593. — *Article* 2, séance du 6 mars 1908, *J. O.* du 7, p. 516).

J. Caillaux, ministre des Finances (*Discussion générale,* séance du 10 juill. 1907, *J. O.* du 11, p. 1827 ; séance du 11 février 1908, *J. O.* du 12, p. 290 ; séance du 17 février 1908, *J. O.* du 18, p. 345 ; séance du 27 février 1908, *J. O.* du 28, p. 449. — *Article* 16, séance du 22 mai 1908, *J. O.* du 23, p. 1033; séance du 25 mai, *J. O.* du 26, p. 1043. — *Article* 62, séance du 28 janvier 1909, *J. O.* du 29, p. 164.—*Vote sur l'ensemble,* séance du 8 mars 1909, p. 679).

J. Codet (*Discussion générale,* séance du 4 février 1908, *J. O.* du 5, p. 205).

M. Colin (*Discussion générale,* séance du 31 janvier 1908, *J. O.* du 1ᵉʳ février, p. 173).

Desplas (*Article* 39, séance du 10 déc. 1908, *J. O.* du 11, p. 2831.— *Article* 94, séance du 25 février 1909, *J. O.* du 26, p. 507).

Ch. Dumont (*Article* 16, séance du 24 mars 1908, *J. O.* du 25, p. 730).

P. Dussaussoy (*Discussion générale,* séance du 4 février 1908, *J. O.* du 5, p. 215. — *Article* 30, séance du 22 juin 1908, *J. O.* du 23, p. 1293).

Jaurès (*Discussion générale,* 2ᵉ séance du 11 juillet 1907, *J. O.* du 12, p. 1873.—*Article* 1ᵉʳ, séance du 27 février 1908, *J. O.* du 23,

[1] V. aussi les discours de M. J. Roche, du 6 avril 1909 (Fédération nationale pour la défense des contribuables, *République française* du 7 avril) et du 23 mai 1909 (*Journal de Rouen*, du 25 mai).

FIN DE L'INDEX BIBLIOGRAPHIQUE

INDEX ALPHABÉTIQUE

A

B

Baisse de valeur locative. V. Impôt sur les revenus des propriétés non bâties,

Banquiers, contrôle. V. Impôt sur les revenus des capitaux mobiliers.

Bâtiments ruraux. V. Impôt sur les revenus des propriétés bâties.

Bénéfice agricole. V. Impôt sur les revenus de l'exploitation agricole.

Bénéfices du commerce et de l'industrie. V. Impôt sur les bénéfices des professions industrielles et commerciales.

Billards. (taxe, maintien) nº 10 et note 1.

Bois. V. Impôt sur les revenus des propriétés non bâties.

C

Capital. V. Impôt sur le capital, Revenus du capital.

Capitaux fixes, nº 19.

Capitaux mobiliers. V. Impôt sur les revenus des capitaux mobiliers.

Catégories de revenus
— impôt général, nº 16.
— impôts locaux, nº 47.

Cautionnements. V. Impôt sur le revenu des capitaux mobiliers.

Cédule, nº 4.

Centimes additionnels
— généraux perçus au nom de l'État (suppression) nº 9.
— départementaux et communaux (suppression) nº 46 ; (taxes de remplacement) nᵒˢ 47 et s.

Cercles (taxe, maintien) nº 10, note 1.

Charges, offices. V. Impôt sur les bénéfices des professions industrielles et commerciales.

Charges de famille (exonération) nº 40.

Chasse (terrains de). V. Impôt sur les revenus de l'exploitation agricole.

Chef de famille. V. Impôt complémentaire.

Chevaux et voitures (taxe, maintien) nº 10, note 1.

Chiffre d'affaires. V. Taxe sur le chiffre d'affaires.

Classificateurs. V. Impôt sur les revenus des propriétés non bâties.

Collectivités étrangères. V. Impôt sur les revenus des capitaux mobiliers.

Colonies françaises. V. Impôt sur les revenus des capitaux mobiliers.

Commerce. V. Impôt sur les bénéfices des professions industrielles et commerciales.

Commission cantonale. V. Impôt complémentaire.

Commission communale de revision. V. Impôt sur les revenus des propriétés bâties.

Complémentaire (impôt). V. Impôt complémentaire.

Comptes - courants. V. Impôt sur les revenus des capitaux mobiliers.

Conseil d'État (compétence) nº 37.

Conseil de préfecture (compétence) nº 36.

Consommations. V. Impôts sur les consommations.

Constructions nouvelles. V. Impôt sur les revenus des propriétés bâties.

Contributions directes (suppression) nº 8.

Contrôle des banques et sociétés de crédit. V. Impôt sur les revenus des capitaux mobiliers.

Contrôle des déclarations. V. Impôt complémentaire, Impôt sur les bénéfices des professions industrielles et commerciales.

Coopératives. V. Impôt sur les bé-

FIN DE L'INDEX ALPHABÉTIQUE